河北省高等教育教学改革研究与实践项目"'互联网+'背景下人文社科类专业大学生创业教育课程体系构建"（2017GJJG394）

河北省高等学校创新创业教育教学改革研究与实践项目"人文社科类专业大学生创新创业教育模式研究"（2017CXCY058）

河北省社会科学基金项目"河北省军民融合企业师徒制项目驱动科技创新机制研究"（HB19GL042）资助

地方高校学科知识
创新策略研究

刘　渊　著

中国社会科学出版社

图书在版编目（CIP）数据

地方高校学科知识创新策略研究/刘渊著. —北京：中国社会科学出版社，2019.8
ISBN 978 - 7 - 5203 - 5091 - 4

Ⅰ.①地⋯ Ⅱ.①刘⋯ Ⅲ.①地方高校—知识创新—研究—河北 Ⅳ.①G649.21

中国版本图书馆 CIP 数据核字（2019）第 195826 号

出 版 人	赵剑英	
责任编辑	卢小生	
责任校对	周晓东	
责任印制	王 超	

出　　版	中国社会科学出版社	
社　　址	北京鼓楼西大街甲 158 号	
邮　　编	100720	
网　　址	http：//www.csspw.cn	
发 行 部	010 - 84083685	
门 市 部	010 - 84029450	
经　　销	新华书店及其他书店	
印　　刷	北京明恒达印务有限公司	
装　　订	廊坊市广阳区广增装订厂	
版　　次	2019 年 8 月第 1 版	
印　　次	2019 年 8 月第 1 次印刷	
开　　本	710×1000　1/16	
印　　张	13.5	
插　　页	2	
字　　数	211 千字	
定　　价	76.00 元	

摘　　要

学科是实现高校人才培养、科学研究、社会服务和文化传承的功能载体，也应是高校的基本管理单元。学科建设成效决定着高校的发展水平。目前，地方高校学科建设取得了显著的成绩和较大的进步，但也存在一些问题，特别是学科建设的"组织效应"不高，缺乏学科建设的理论与方法指导实践等问题，是地方政府主管部门、地方高校领导和学科自身及其利益相关者共同关注的重要问题。

首先，本书将学科视为一个"亚组织"，其知识创新行为是指其所开展的科学研究以及技术开发和技术推广等社会服务活动，也就是其进行的知识生产、知识传播和知识应用行为。

其次，在界定学科知识创新行为的二元策略基础上，提出了学科知识创新行为二元策略组合与绩效权变关系理论，并建立了学科知识创新行为二元策略组合与绩效权变关系分析方法。

最后，以2000—2010年河北省省级重点学科建设数据和经验为样本数据，经验性地检验了河北省省级重点学科知识创新行为二元策略组合与绩效权变关系。

本书研究的主要创新性成果有以下三个方面：

第一，提出学科"亚组织"概念并对其内涵和特征进行了界定。本书认为，我国高校学科是一个介于正式组织和非正式组织之间的"亚组织"，目前正处于向正式组织转变的阶段。

首先，从学科构成视角分析了学科演化过程，提出了学科"亚组织"的概念，并对其内涵进行了界定。

其次，依据组织理论，从三个方面分析了学科"亚组织"与正式组织和非正式组织之间的区别。

最后，从组织目标、组织要素和组织结构等方面归纳出学科"亚组织"的特征。

第二，提出了学科知识创新方式二元策略组合与绩效权变关系分析框架并进行关系检验。

首先，提出学科知识创新方式的独立创新策略及合作创新策略与学科绩效关系的分析框架。

其次，提出研究理论观点、研究假设和研究方法。

最后，利用河北省省级重点学科建设数据和经验为样本数据，通过单因素方差分析、相关性分析、回归分析和马尔科夫过程分析等，进行了知识创新方式一元策略与绩效关系的静态检验、知识创新方式二元组合策略与绩效关系的静态检验和知识创新方式二元组合策略与绩效关系的动态检验。

检验结果表明：（1）学科知识创新绩效与独立创新策略和合作创新策略显著正相关，并呈现学科门类的差异性；（2）学科知识创新绩效与创新行为二元策略组合尺度密切相关，并呈现学科门类的较大差异性；（3）从学科时间发展时间序列看，学科知识创新绩效与创新行为二元策略组合平衡尺度的关系呈现学科门类和空间分布上的多样性，且与平衡尺度相关度不断提高。

第三，提出了学科知识创新投资领域二元策略组合与绩效权变关系分析框架并进行关系检验。

首先，提出学科知识创新方投资领域的研发领域投资策略及基础领域投资策略与学科绩效关系的分析框架。

其次，提出变量界定方法、研究假设和研究方法。

最后，利用河北省省级重点学科建设数据和经验为样本数据，通过单因素方差分析、相关性分析、回归分析和马尔科夫过程分析等，进行了一元投资领域策略与绩效关系的静态检验、二元投资领域组合策略与绩效关系的静态检验和二元投资领域组合策略与绩效关系的动态检验。

　　检验结果表明：（1）学科知识创新绩效与基础领域投资策略显著正相关，并呈现学科门类的差异性；（2）学科知识创新绩效与投资领域二元策略组合尺度密切相关，并呈现学科门类的较大差异性；（3）学科知识创新绩效与投资领域二元策略组合平衡尺度的关系呈现学科门类和空间分布上的多样性。

目　　录

第一章　绪论 ……………………………………………………… 1

　第一节　研究背景与问题提出 ……………………………… 1

　　一　河北省重点学科建设历史与现状分析 ……………… 1

　　二　问题的提出 ……………………………………………… 12

　第二节　本书研究思路和主要研究内容 ………………… 14

　　一　研究思路 ………………………………………………… 14

　　二　主要研究内容 ………………………………………… 15

　第三节　本书主要创新成果 ………………………………… 16

　　一　提出了学科"亚组织"概念并对其
　　　　内涵和特征进行界定 ……………………………… 16

　　二　提出了学科知识创新方式二元策略组合与绩效
　　　　权变关系分析框架并进行关系检验 …………… 16

　　三　提出了学科知识创新投资领域二元策略组合与
　　　　绩效权变关系分析框架并进行关系检验 ……… 17

第二章　相关研究文献评述 …………………………………… 18

　第一节　学科建设研究现状 ………………………………… 18

　　一　学科内涵界定 ………………………………………… 18

　　二　学科建设实践研究 …………………………………… 23

　　三　学科建设理论 ………………………………………… 25

　第二节　学科知识创新研究现状 ………………………… 41

　　一　学科知识创新方式 …………………………………………… 41

　　二　高校合作知识创新行为 ……………………………………… 45

　第三节　高校知识创新绩效 ………………………………………… 54

第三章　高校学科"亚组织"的内涵与特征 ……………………… 61

　第一节　高校学科演化过程与特征 ………………………………… 62

　　一　学科构成单元 ………………………………………………… 62

　　二　学科形成机制 ………………………………………………… 64

　第二节　高校学科"亚组织"的内涵界定 ………………………… 67

　　一　基于不同视角的组织分类 …………………………………… 67

　　二　高校学科"亚组织"的内涵 ………………………………… 69

　　三　学科"亚组织"与正式组织和非正式组织的

　　　　区别 ……………………………………………………………… 74

　第三节　高校学科"亚组织"的特征 ……………………………… 76

　　一　学科"亚组织"的目标 ……………………………………… 76

　　二　学科"亚组织"人员构成及相互关系 ……………………… 76

　　三　学科"亚组织"沟通机制 …………………………………… 77

　　四　学科"亚组织"结构 ………………………………………… 77

第四章　河北省重点学科知识创新方式二元策略组合与

　　　　绩效权变关系检验 ……………………………………………… 78

　第一节　总体研究设计 ……………………………………………… 78

　　一　学科知识创新方式二元策略组合内涵的界定 ……… 78

　　二　研究背景 ……………………………………………………… 81

　　三　研究思路与技术路线 ………………………………………… 83

　第二节　学科知识创新方式一元策略与绩效权变关系

　　　　静态检验 ………………………………………………………… 84

　　一　研究概念框架 ………………………………………………… 84

　　二　理论观点与研究假设 ………………………………………… 85

三　数据来源和变量设定 …………………………… 88

四　单因素方差分析结果与讨论 ………………… 94

五　相关性分析结果与讨论 ……………………… 98

六　回归分析结果 ………………………………… 101

第三节　学科知识创新方式二元策略组合与绩效

权变关系静态检验 ……………………… 110

一　研究概念框架 ………………………………… 110

二　研究理论观点与假设 ………………………… 113

三　数据来源和变量设定 ………………………… 115

四　单因素方差分析结果 ………………………… 118

五　相关性分析结果 ……………………………… 120

六　回归分析结果 ………………………………… 121

第四节　学科知识创新方式二元策略组合与绩效

权变关系动态检验 ……………………… 125

一　研究目的和思路 ……………………………… 125

二　研究方法和研究前提设定 …………………… 126

三　研究数据 ……………………………………… 131

四　学科知识创新二元策略组合与绩效动态

关系检验 ……………………………………… 131

第五章　河北省重点学科投资领域二元策略组合与绩效

权变关系检验 ……………………………… 148

第一节　总体研究设计 ……………………………… 148

一　学科投资领域二元策略组合的内涵界定 …… 148

二　研究背景 ……………………………………… 149

三　研究思路与技术路线 ………………………… 152

第二节　学科投资领域一元策略与绩效权变关系

静态检验 ………………………………… 153

一　研究框架与研究假设 ………………………… 153

二　数据来源和变量设定 …………………………… 153

三　单因素方差分析结果 …………………………… 155

四　相关性分析结果 ………………………………… 156

五　回归分析结果 …………………………………… 156

第三节　学科投资领域二元策略组合与绩效权变

　　　　关系静态检验 …………………………… 158

一　研究概念框架 …………………………………… 158

二　研究理论观点与假设 …………………………… 159

三　数据来源和变量设定 …………………………… 161

四　单因素方差分析结果 …………………………… 162

五　相关性分析结果 ………………………………… 163

六　回归分析结果 …………………………………… 164

第四节　学科投资领域二元策略组合与绩效权变

　　　　关系动态检验 …………………………… 165

一　研究目的和思路 ………………………………… 165

二　研究方法和研究前提设定 ……………………… 166

三　研究数据来源及处理 …………………………… 167

四　学科投资领域二元策略组合与知识创新绩效

　　动态关系检验 …………………………………… 167

第六章　研究结论与展望 …………………………… 183

第一节　研究结论 …………………………………… 183

一　提出了学科"亚组织"概念并对其内涵和特征

　　进行了界定 ……………………………………… 184

二　提出了学科知识创新方式二元策略组合与

　　绩效权变关系分析框架并进行了关系检验 ……… 184

三　提出了学科知识创新投资领域二元策略组合与

　　绩效权变关系分析框架并进行了关系检验 ……… 186

　　第二节　研究展望·························· 188

主要参考文献····························· 190

致　谢································· 206

第一章 绪论

第一节 研究背景与问题提出

一 河北省重点学科建设历史与现状分析

河北省自 1992 年实施"双重工程"（重点大学和重点学科）以来，其重点学科建设已经走过了 20 年的发展历程。重点学科建设作为教育主管部门促进高校学科发展和高校发展的一项重要战略举措，取得了辉煌的成就，有效地促进了学科的发展和学校综合实力的提升。河北省教育厅为激励和促进学科有序发展，克服学科建设中的问题，于 1999 年、2004 年和 2009 年对河北省重点学科以及重点发展学科进行了三次系统的评估。这些评估为我们研究学科发展历程提供了很好的借鉴作用和数据资料支撑。下面就从投入产出角度分析河北省重点学科建设情况与历史。

从总量增长情况来看，学科人数在 16 年间并没有明显增长，甚至还有下降的趋势。例如，1991 年，学科的数量为 95701 人，到 2006 年下降为 91324 人，15 年间其数量没有太大波动。相比较而言，综合类学科的科学家与工程师数量增长较快。

从各类学科人数的总量对比来看，工学学科中科学家与工程师人数最多，远超过其他类型的学科，大约占学科人数的 35%；其次是人文与社会科学学科、医药科学学科，其他类型的学科所占比例较少。但是，工学学科所占比例有逐渐下降的趋势。具体见图 1-1。

（万人）

（a）各学科技术人员数

（%）

（b）各学科技术人员比例

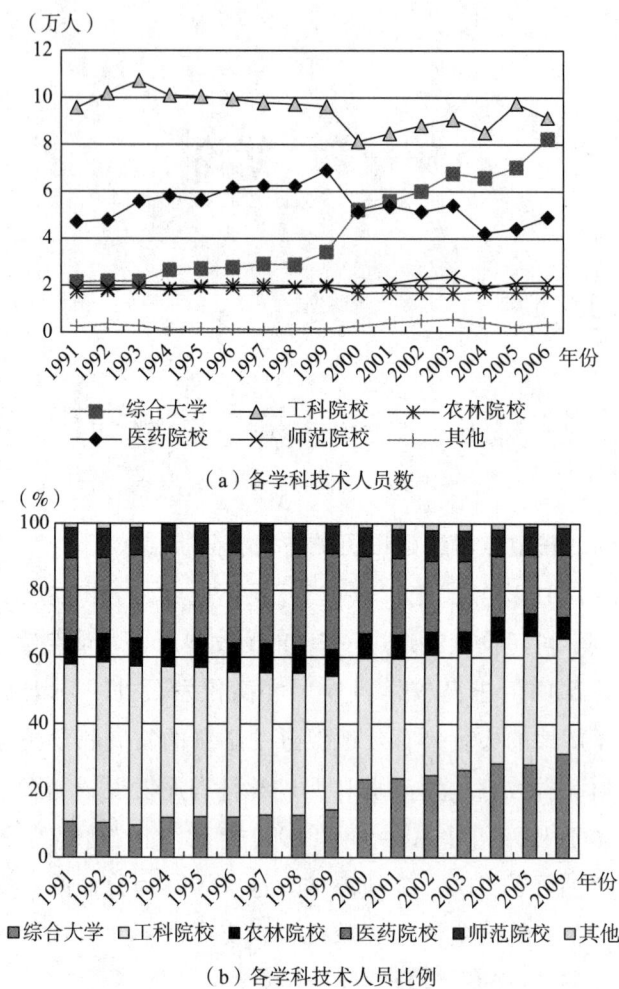

图 1-1 各学科学术人员数量及比例

从经费总额增长情况来看，工学学科的研发经费总额呈逐年递增趋势，由 1991 年的 11 亿元增加到 2006 年的 244 亿元，增长了十几倍。并且，工学学科的研发经费总额远高于其他几类学科，说明工学学科是河北省高等教育系统中创新投入和支出的主体。

从研发经费占全部学科的比例来看，工学学科所占比例远远高于其他学科，超过全部经费的一半，最多的年份占 60% 以上。具体见图 1 - 2。

（亿元）

（a）各学科研发经费总额

（b）各学科研发经费比例

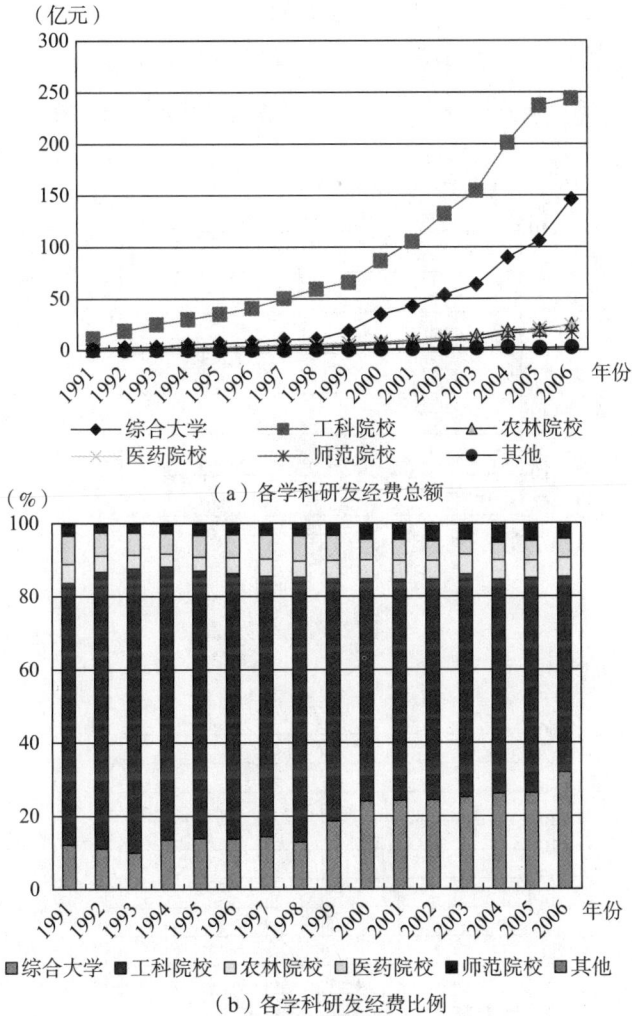

图 1 - 2　各学科研发经费总额及比例

从经费来源来看，工学学科的经费主要来自政府资金和企事业单位委托经费。自 2002 年以来，企事业单位委托经费总额超过了政府资金，并且两者之间的差距有逐年拉大的趋势。相比较而言，其他类型的学科主要以政府经费投入为主，尤其是农业科学学科，政府资金远高于企业资金。人文与社会科学学科的政府资金近几年也超过了企事业单位委托经费，并且两者之间的差距有扩大的趋势。具体见图1-3。可以看出，工学学科与产业及其他组织的联系更加紧密，是促进行业科技进步、服务经济发展，促进创新系统建设的主力军。

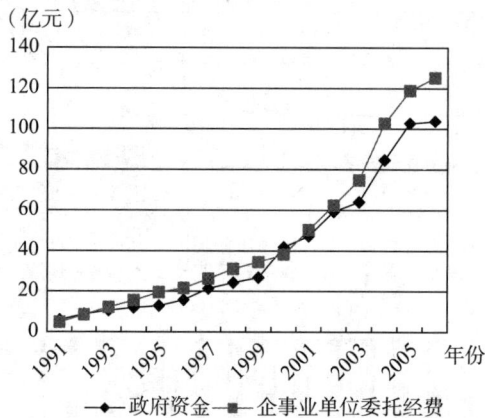

（a）工学学科经费来源

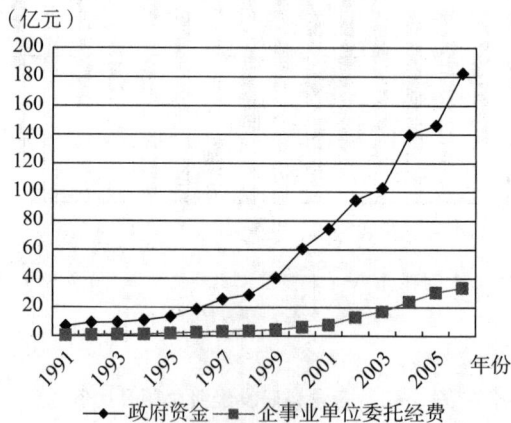

（b）农业科学学科经费来源

（亿元）

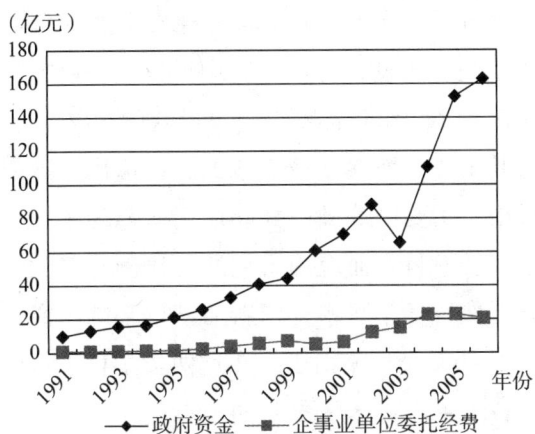

（c）医药科学学科经费来源

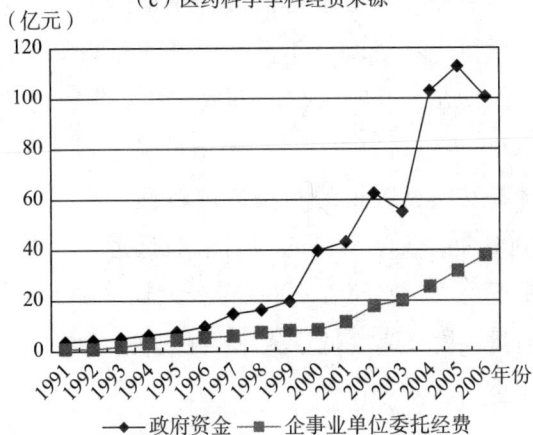

（d）自然科学学科经费来源

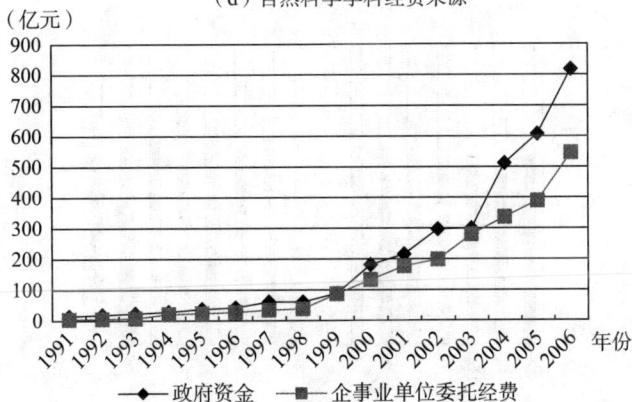

（e）人文与社会科学学科经费来源

图 1-3　各学科研发经费来源

从经费支出情况来看，工学学科的经费主要花费在应用研究和实验发展（以下简称研发）方面，其中又以应用研究为主。基础研究经费所占比例较小，每年都不超过总经费的20%。这也说明工学学科的创新活动主要是面向企业需求的，以应用为导向。在人文与社会科学学科中，主要以基础研究和应用研究为主，其中基础研究所占比例高于工学学科，而应用研究所占比例比工学学科低。在医药科学学科和自然科学学科中，创新活动以基础研究为主，所占比例最多时超过了40%，这是由于，在这两类学科中，以自然科学学科和医药类学科为主。具体见图1-4。

从科技项目来看，河北省工学学科的研发项目数量变化情况大致分为两个阶段：1991—2000年，科研项目水平大体相当，没有太大波动，每年保持在5万项左右；2000—2006年，研发项目开始逐步增加，到2006年达到78489项，年增长率为17.4%。

工学学科研发项目数量的增长速度较慢。从图1-5中可以看出，1991—2000年，工学学科的项目总数远远高于其他几类学科，但是并没有实现增长，甚至在2000年有大幅下降。虽然自2000年开始增长，但是，增长速度低于人文与社会科学学科，两者之间的差距在逐渐缩小。

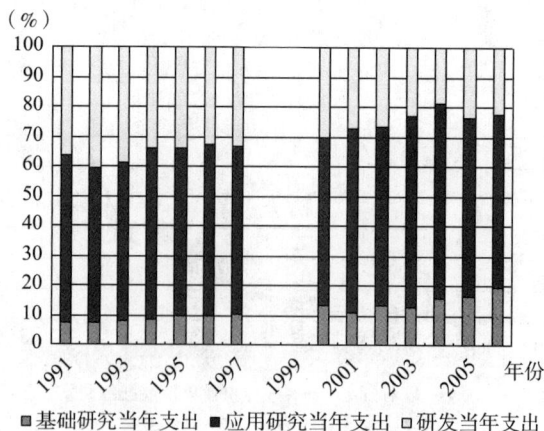

（a）工学学科研发经费支出比例

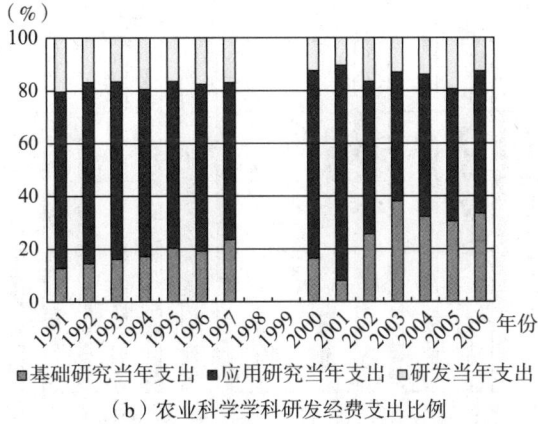

（b）农业科学学科研发经费支出比例

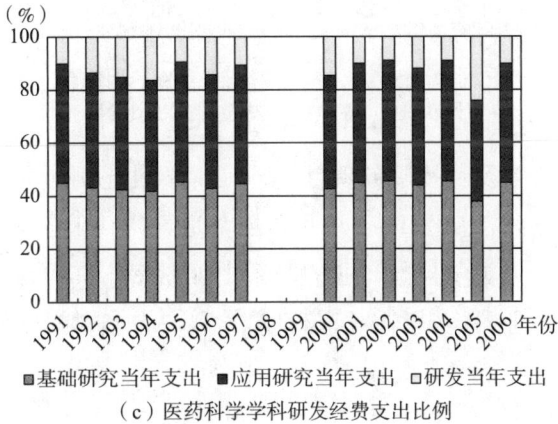

（c）医药科学学科研发经费支出比例

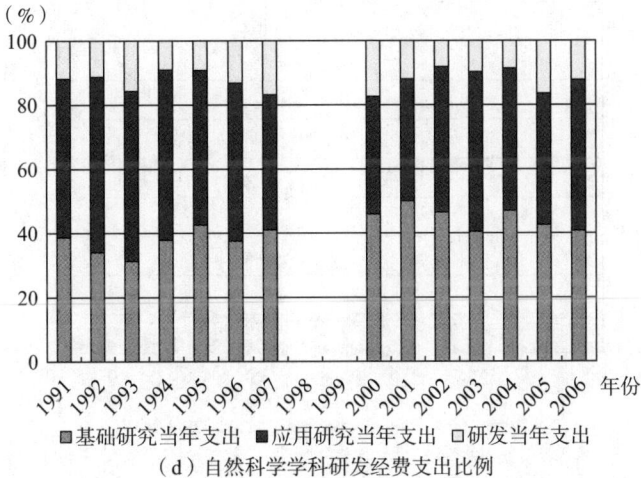

（d）自然科学学科研发经费支出比例

（%）

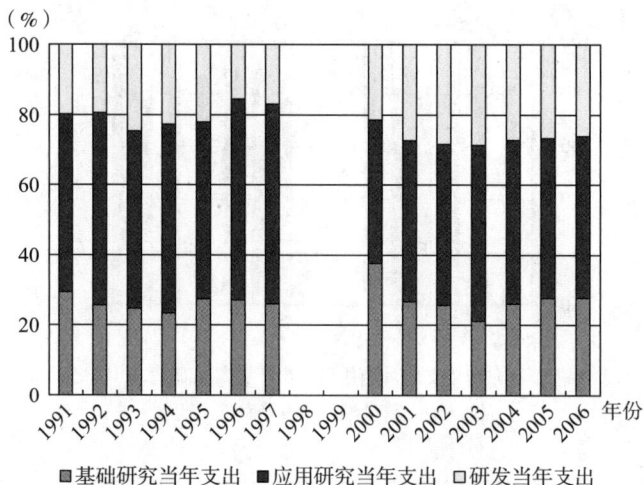

（e）人文与社会科学学科研发经费支出比例

图1-4　各学科研发经费支出比例

在研发成果及科技服务项目上，工学学科比例最大，远远高于其他类型的学科。从图1-5中可以明显地看出，工学学科及其学科的性质决定了该类学校与产业的联系更加紧密。其次是人文与社会科学学科。农业科学学科、医药科学学科、自然科学学科和其他学科比例相对较小。具体见图1-5。

（万项）

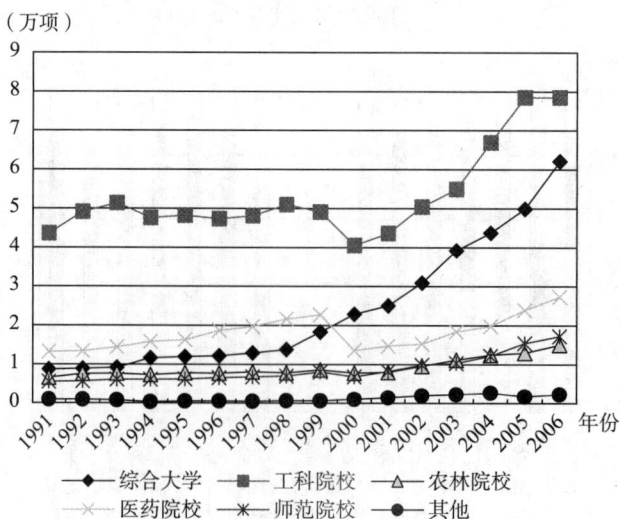

（a）研发项目情况

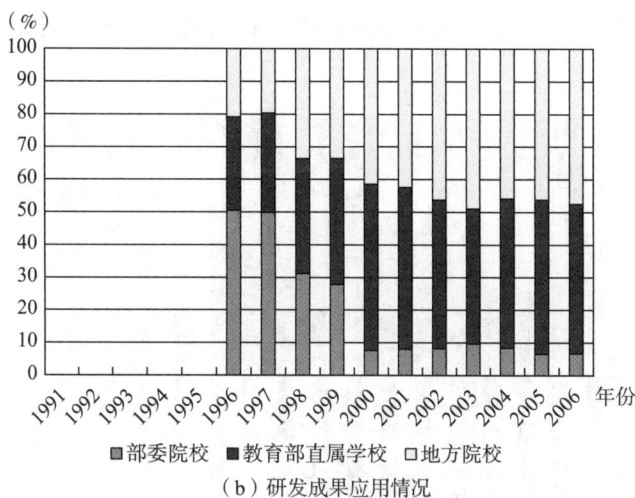

（b）研发成果应用情况

图 1 - 5　各学科研发项目数量及研发成果数量

　　从科技论文来看，河北省工学学科发表的学术论文总数 1991—2006 年一直保持快速增长，由最初的 56538 篇/年发展到 225758 篇/年，平均年增长率为 26.6%。同时，发表在国外学术刊物上的论文数目也涨幅较大，由 1991 年的 6328 篇/年增加到 2006 年的 36916 篇/年，年增长率为 39.5%。

　　但是，工学学科科技论文在保持快速数量增长的同时，其增长速度与其他类型学科相比并没有明显的优势。可以看出，工学学科发表的学术论文总数占全部学科的比例在 16 年间并没有太大的变化，一直保持在 45% 左右［见图 1 - 6(a)］。从国外学术论文来看，工学学科发表学术论文数量的增长速度更是处于劣势，论文总数占全部学科论文数量的比例呈逐步下降趋势，由 1991 年的 50% 以上下降到 2006 年的 40% 左右［见图 1 - 6(b)］。

　　从技术转让来看，技术转让的实质，是科学技术知识、信息和生产实践经验不同关系主体之间的传递和扩展。技术转让也是一定技术权益转移，采用合同形式，把专利申请权、使用权、专利技术或非专利技术的使用权转移给受让方，并且，所转让的一定是某一项技术成果，而不是利用公开的技术知识为对方提供咨询服务。

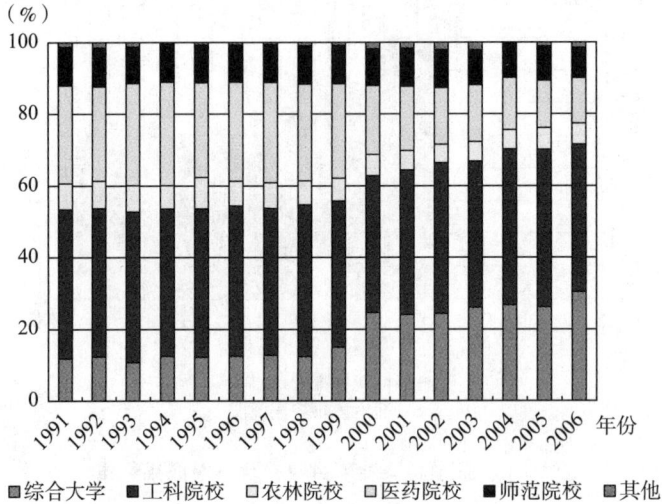

（a）所有论文

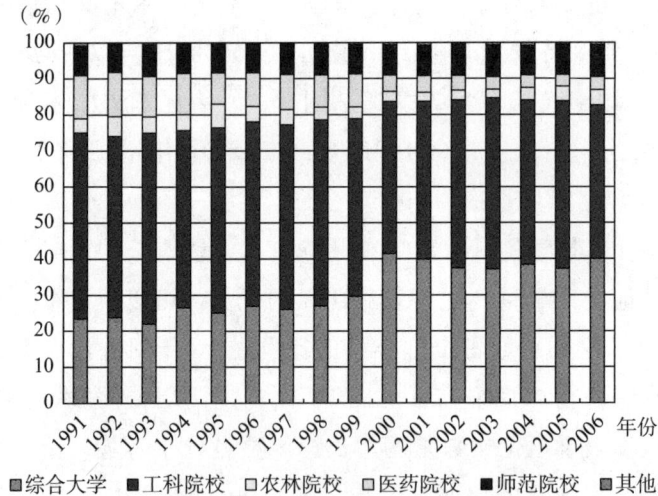

（b）在国外刊物上发表论文

图1-6 各学科发表论文数量

工学学科签订的技术转让合作总数呈波浪形发展。1991年与2006年的总数相差并不大，2006年承担的合同总数为4459项，是1991年的1.2倍（见图1-7）。但是，平均每个技术转让合作的金额有了一定的增加，2006 年合作总金额为 11.9 亿元，是 1991 年的 7.5 倍。十几年来，通过产学研合作，工学学科的技术转让已初见成效，加速了科技成果的转化进程。然而，也存在不少问题。比如，由于学科仍有一部分科技成果成熟度不够，还停留在实验室研制阶段；有的科技成果虽比较成熟，但技术经济可行性不够，有的因缺少宣传而很难转让出去等。

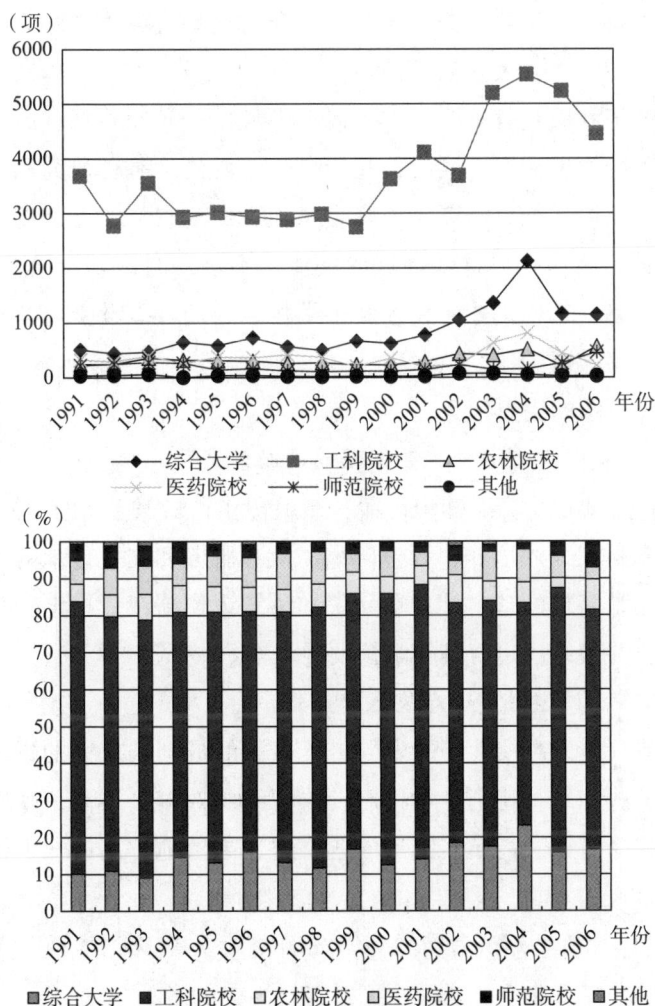

图 1-7 各学科技术转让情况

在六类学科中，工学学科技术成果转化数量和金额所占比例较大。从合同总数来看，工学学科每年所占比例为66%左右，远远高于其他类型的学科；从合同金额总数来看，工学学科所占比例年平均也在2/3左右（见图1-7），与合同数所占比例相当；在当年实际收入总数上，工学学科的年平均比例为72.9%，说明工学学科平均每个技术转让合同的收入较高。

总体来看，河北省的重点学科在促进河北省经济社会发展、增强河北省科技与工业实力方面起到了非常重要的支撑作用，能够与河北省社会经济发展阶段相适应，对涉及工业、农业，以及医药等对国民经济和民生有重要影响的研发领域给予了重点倾斜，反映河北省实际的发展需要；同时，我们也应该看到，基础研究和人文研究领域研究周期长、需要投入资金量大、出成果慢，正是以上特点使我们更应该加强对这些领域的关注，不求一时之功，给予长期、持续的支持。这样，才能在涉及多学科、多领域以及交叉学科领域取得重大突破。

二 问题的提出

（一）高校学科是知识创新活动的功能载体

学科是知识生产、知识传播、知识转移和知识应用的功能载体，既是实现高校人才培养、科学研究、社会服务和文化传承的主要承担者，也是高校的基本管理单元。学科知识创新绩效决定了学科建设成效，并最终决定着高等学校发展水平。

（二）高校学科建设尚缺乏理论指导

目前，地方高校学科建设取得了显著的成绩和较大的进步，但也存在一些问题，特别是学科建设的"组织效应"不高、缺乏学科建设的理论与方法指导实践等问题，这也导致地方高校知识创新绩效难以令人满意。

（三）对高校知识创新行为与学科建设关系认识不清是导致地方高校学科建设水平不高的主要原因

目前，各个地方高校都在通过不同的知识创新方式，加强学科建设，并且投入了大量的学科建设资源，然而，学科建设收效甚微。究其原因，在宏观上，由于学科组织效应不高，难以发挥学科的集体知识创新能力和整体实力；在微观上，主要是由于人们对知识创新方式和知识创新绩效的关系难以厘清，且学科知识创新资源的利用存在问题，难以发挥资源的最大使用效率。主要表现在：部分学科过分追求与其他单位开展合作知识创新，忽视了独立知识创新的基础作用；部分学科不重视合作知识创新行为，闭门造车；部分学科注重把学科知识创新资源投资在研发领域，忽视了基础领域投资的支撑作用；部分学科注重把学科知识创新资源投资在基础领域，忽视了研发领域投资的引领作用。这些问题都导致了地方高校学科建设水平难以令人满意。

（四）在学科知识创新二元策略之间寻求最优平衡点是提高学科建设水平的关键

由于各个地方高校学科的性质、区位、资源、组织特征等方面存在较大差异，不同学科应当根据自身特征，选择最为合适的知识创新策略，而不是一味地照搬他人的成功经验。部分学科应当把知识创新行为重点放在合作知识创新策略上，部分学科应当更重视独立知识创新；部分学科应当在基础领域加大投资，部分学科则应当更为重视研发领域投资。总之，不同学科只有寻求到知识创新二元策略不同平衡点，才能显著地提高学科建设水平。

（五）对知识创新行为与学科建设绩效关系的相关研究还亟待加强

国内外学者对学科建设问题展开了卓有成效的研究，研究成果颇丰。然而，已有研究尚有一些亟待加强之处。首先，已有研究多是将学科视为一个正式组织（胡宝民，2007；庞青山，2005；刘宝存，2006；邹晓东，2004；宣勇，2007；等），根据组织理论，开展对学科组织的行为、特征、绩效等方面的研究。实际上，由于学科使命和目标的多样性，加上学科的组织管理方式的复杂性和结构的独特性等多方面的因素，学科在一定程度上说处于正式组织和非正式组织之间的一个实体，还不能称为正式组织，因此，学科的知识创新行为与其他正式组织存在较大的差异。其次，对学科知识创新方式以及知识创新方式与知识创新绩效关系的研究尚有不足。已有成果多是针对知识创新方式中的一种，尤其是合作创新策略开展研究，例如，研究高校合作创新方式（Bekkers et al.，2008；Todtling et al.，2009；郭小川，2001）、高校合作创新效率（Yasunori et al.，2011；Balconi and Laboranti，2006）等，只有部分国外学科通过分析高校发表论文行为和专利申请行为之间的关系研究了高校知识转移对知识生产的影响（Dirk，2009；Peters and Etzkowitz，2007）。最后，对高校学科知识创新投资领域的研究尚不多见。可能是受数据限制，已有研究多是研究高校学科知识创新资源配置及效率（王楚鸿、杨干生，2010）、知识创新资源管理（陈士俊等，2003；张跃挺，2011）、知识创新资源对高校影响（高校 R&D 资源清查研究课题组，2001）等，尚未搜索到研究知识创新资源投资策略的相关文献。

本书在界定学科知识创新行为的二元策略基础上，提出学科知识创新行为二元策略组合与绩效权变关系理论，并建立了学科知识创新行为二元策略组合与绩效权变关系的分析方法。最后以 2000—2010 年河北省省级重点学科建设数据和经验为样本数据，检验河北省省级重点学科知识创新行为二元策略组合与绩效权变关系。

第二节　本书研究思路和主要研究内容

一　研究思路

本书研究首先将地方高校学科视为一个"亚组织"，学科建设中的人才培养、科学研究、社会服务和文化传承等活动就是这个"亚组织"进行知识生产、知识传播、知识转移和知识应用过程的知识创新行为，学科建设绩效就是这个"亚组织"知识创新绩效。

通过对比"亚组织"与正式组织在组织使命、组织结构、组织环境、组织绩效等方面的差异，力图对地方高校学科组织特征和建设情景提出新的认识和刻画，并指导地方高校学科建设实践。

其次，本书研究提出了学科知识创新方式的独立创新策略和合作创新策略。通过设计分析两种策略与地方高校学科知识创新绩效关系分析框架和变量，并进行实证研究，寻求地方高校不同学科知识创新方式在独立创新和合作创新两种策略之间的平衡点。

最后，本书研究提出了学科知识创新投资的基础领域投资策略和研发领域投资策略。通过设计分析两种策略与地方高校学科知识创新绩效关系分析框架和变量并进行实证研究，寻求地方高校不同学科在基础领域投资和研发领域投资之间的平衡点。

二 主要研究内容

本书主要分为六章，研究的主要内容大致如下：

第一章主要介绍本书的研究背景和研究意义、主要研究内容及思路、研究框架和主要创新点等。

第二章主要从学科建设和高校知识创新行为两个方面对相关研究进行分析和述评。在学科建设方面，主要分析学科组织特征、学科建设策略以及学科建设绩效等内容。在知识创新行为方面，主要分析高校的合作创新行为和独立创新行为以及高校科技创新资源配置行为。最后，对相关文献进行述评。

第三章首先从学科构成视角分析了学科演化过程，提出了学科"亚组织"概念，并对其内涵进行了界定。其次，依据组织理论从五个方面分析了学科"亚组织"与正式组织和非正式组织之间的区别。最后，从组织目标、组织要素和组织结构等方面归纳出学科"亚组织"的特征。

第四章首先提出学科知识创新方式的独立创新策略及合作创新策略与学科绩效关系分析框架；其次，提出研究理论观点、研究假设和研究方法；最后，利用河北省省级重点学科建设数据和经验为样本数据，通过相关分析、回归分析和马尔科夫过程分析等，进行了知识创新方式一元策略与绩效关系静态检验、知识创新方式二元组合策略与绩效关系静态检验和知识创新方式二元组合策略与绩效关系动态检验。

第五章首先提出学科知识创新方式投资领域的研发领域投资策略及基础领域投资策略与学科绩效关系分析框架；其次，提出变量界定方法、研究假设和研究方法；最后，利用河北省省级重点学科建设数据和经验为样本数据，通过相关分析、回归分析和马尔科夫过程分析等，进行了一元投资领域策略与绩效关系静态检验、二元投资领域组合策略与绩效关系静态检验和二元投资领域组合策略与绩效关系动态检验。

第六章对本书进行总结并做出下一步研究展望。

第三节　本书主要创新成果

本书以 2000—2010 年河北省省级重点学科建设数据和经验为样本数据，研究和检验了河北省省级重点学科知识创新行为二元策略组合与知识创新绩效的关系。其主要创新性成果有：

一　提出了学科"亚组织"概念并对其内涵和特征进行界定

本书认为，我国高校学科是一个介于正式组织和非正式组织之间的"亚组织"，目前正处于向正式组织转变的阶段。首先，从学科构成视角分析了学科演化过程，提出了学科"亚组织"的概念，并对其内涵进行了界定；其次，依据组织理论从三个方面分析了学科"亚组织"与正式组织和非正式组织之间的区别；最后，从组织目标、组织要素和组织结构等方面归纳出学科"亚组织"的特征。

二　提出了学科知识创新方式二元策略组合与绩效权变关系分析框架并进行关系检验

首先，提出学科知识创新方式的独立创新策略及合作创新策略与学科绩效关系分析框架。

其次，提出研究理论观点、研究假设和研究方法。

最后，利用河北省省级重点学科建设数据和经验为样本数据，通过单因素方差分析、相关性分析、回归分析和马尔科夫过程分析等，进行了知识创新方式一元策略与绩效关系静态检验、知识创新方式二元组合策略与绩效关系静态检验和知识创新方式二元组合策略与绩效关系动态检验。

三　提出了学科知识创新投资领域二元策略组合与绩效权变关系分析框架并进行关系检验

首先，提出学科知识创新方式投资领域的研发领域投资策略及基础领域投资策略与学科绩效关系的分析框架。

其次，提出变量界定方法、研究假设和研究方法。

最后，利用河北省省级重点学科建设数据和经验为样本数据，通过单因素方差分析、相关性分析、回归分析和马尔科夫过程分析等，进行了一元投资领域策略与绩效关系静态检验、二元投资领域组合策略与绩效关系静态检验和二元投资领域组合策略与绩效关系动态检验。

第二章 相关研究文献评述

第一节 学科建设研究现状

一 学科内涵界定

从词源学上看，不同的语言文化环境中，有不同的词语对应中文的"学科"一词，拉丁文、德文、法文、英文中"学科"对应的词分别是 disciplina、disiziplin、discipline 和 discipline。乔塞（Chaucer）时代的英文中，discipline 指的是各门知识，尤其是医学、神学、法律等学科知识，早期的西方大学中，也仅仅划分了这几门知识。例如萨勒诺大学、博洛尼亚大学、牛津大学和剑桥大学，只有医学、哲学、神学和法学4个学系，围绕着这4个领域，把所有的知识都涵盖进去。随着时间的推移，知识变得越来越专门化，因此，学科和子学科的划分越来越细，学科变得越来越多。大约在20世纪50年代，伊利诺伊大学出版了一本学科目录，所列学科名称超过1100门已知的学科，且不包括人文学科在内。

在上千年的历史演进过程中，在学科门类划分越来越细的同时，由于时代与地域的不同，人们为学科赋予了多种多样的理解。而且，在不同领域内，人们对学科也有不同的定义。有的根据现实的方法给学科下定义，有的按照建构的模型给学科下定义，有的依据研究的对象给学科下定义等。德国学者赫克豪森（Hechhausen）运用经验和事实分析的方法来考察学科，认为学科是对同类问题所进行的专门的科学研究，以便实现知识的新旧更替、知识的一体化以及理论的系统化与再系统化。法国学者布瓦索（M. Boisot）运用结构和形式分析的方法来考察学科，认为学科是一个结构，是一个由可观察或已形式化并且受方法和程序制约的客体与作为客体间相互作用具体化的现象以及按照一组原理表述或阐释并预测现象作用方式的定律三种成分组合而成的集合体。美国学者伯顿·克拉克认为，知识是指人们在社会实践中积累起来的经验，这些基于经验的知识是浅显的，或并未完全脱离感性的、原生态的，是微观的，以普泛的、散态的形态存在的。因此，任何一门学科在其未成为"学"（科）之前，总是支离破碎、不成系统的，总是感性认识或部分理性知识的杂合，一旦成为"学"（科），它就是一个由不同的但却相互延伸并连接在一起的，具有内在逻辑关系的各个知识单元和理论模块组成的知识系统。曼弗雷德·A. 马克斯－尼夫（Manfred A. Max－Neef，2005）认为，学科指的是单一的学科，代表了一个孤立的、专门化的研究领域，实际上，一个人可以只学习生物学，而且应用得非常好，而不需要物理学或心理学的知识。他认为，这些学科在逻辑上是平行的，而不是垂直的。安德鲁等（Andrew et al.，1995）认为，学科的概念比较模糊并且难以定义，因为它总是与它所在的语境有关，学科是由学术机构的相关部门组成，但是，并不是每个部门都代表了一个学科。他们认为，学科更主要的是一个学术组织。贝克和科根（Becher and Kogan，1980）认为，定义学科的一个重要途径是从学术部门的结构框架或组织结构着手。有的学者认为，学科的概念会随着历史和地理的变化而变化。贝克（1989）认为，随着时间的推移，知识领域的动态变化会对学科的主体和文化特征产生影响。而托尔明（Toulmin，1992）则持相反的观点，他认为，虽然学科易于受时间变化的影响，但每个学科都有一个可辨认的连贯性，这种连贯性并不随时间的推移而改变，因此，学科的本质不会发生变化。

还有的学者从构成论的角度来分析学科。比如，金和布罗内尔

（King and Brownell，1996）认为，要想定义一个学科，必须确定学科的许多不同方面的因素。这些因素包括：一个团体、一系列沟通交流网络、一个传统、一系列特有的价值和信念、一个研究领域、一种探究模式以及一个概念结构。有的学者（Toulmin，1992）认为，学科除包含自身的概念之外，还要包括一些基本目标。有的学者（Whitley，1984）认为，学科就是由一群有组织的学术群体组成。这些学者从理论和有组织的社会群体两个方面着手分析了学科构成，也就是从知识和组织两个形态来分析。卡梅伦（Cameron，1991）认为，一个学科的出现必须要以该学科独特的知识体系的发展为前提。他认为，应有三个组成部分支撑着学科的知识体系，只有这三个部分出现了，才能代表一个学科的形成。它们分别是：（1）一个显性的哲学体系；（2）至少有一个概念框架或视角来分析什么问题属于该学科，什么问题不属于该学科；（3）一个可接受的、用于补充和发展该学科知识体系的方法论。这三个部分对于学科的出现都是必要的，并且是交互作用的。

国内学者对学科概念和内涵的考证更为详细和系统。参考《新牛津英汉词典》《辞海》《教育大辞典》《现代汉语词典》《新华词典》等工具书，综合研究现状，从不同的角度对于各种学科定义流派进行了分类，并提出了自己独特的见解。如宣勇（2006）将研究流派分为教学科目书说、创新活动说、知识门类说、科学分支说和双重形态说五类；翟亚军（2007）认为，不同的人、不同的情景、不同的视角有不同的定义和标准，每一个定义和标准背后都隐含着特定的哲学假设和价值取向。他将对学科定义的流派分为知识说、组织说和规训说，其中，知识说又分为教学科目说、学问（学术）分支说和科学分支说。王梅（2006）认为，国内外学者定义学科的概念主要基于以下几个角度：从学科与科学知识的关系、从学科与知识的联系、从学科与教学的关系、从学科与组织的联系以及从学科与规训制度的联系。总体来讲，国内关于学科概念和内涵的归纳及总结较为全面，大致有以下几种说法。

（1）教学科目的分支。这种解释主要来源于各种工具书。《辞海》对学科的解释，学科就是"教学科目的简称，亦即'科目'"。《新牛津英汉词典》把学科解释为大学教学科目，认为学科是"知识，特别是高等教育中学习的知识的一个分支"。日本学者欢喜隆司（1990）认为，学科是教学的一种组织形态。认为学科是教学科目的观点通过对学科与教学关系的勾画，反映出学科在学校教学中的重要地位。

（2）科学的分支。学科首先是科学，这是科学分支说的立论基点。"学科是科学知识领域内的一个组成部分"。"任何一门学科在其未成'学'（科）之前，总是支离破碎、不成系统的，总是感性认识或部分理性知识的杂合，一旦成为'学'（科），它就是一个由不同的但却相互延伸并连接在一起的，具有内在逻辑关系的各个知识单元和理论模块组成的知识系统。"即："学科是科学研究发展成熟或较为成熟的产物，某个学科研究领域，只有当科学研究成果沉淀到一定程度，形成了特定的研究内容、研究方法和研究规范，这个领域才有可能形成一个学科。"

（3）学问（或知识）的分支。这种观点是学科定义最宽泛的概念，这种观点把学科限定在学术领域，认定学科是学问的分支或知识的门类。不同于上面提到的第二种观点，这种观点认为，学科和科学不同，学科是知识的分类，但并不是所有的知识都是科学。"学科的知识范围较广，它不一定都是科学……学科中有科学的学科，也有非科学的学科，例如宗教。"

（4）一种组织形态。日本学者欢喜隆司（1990）认为，学科是教学的一种组织形态，这是从教学的角度来讲的。"学科是由一群学者以及学者依赖于一定物质基础围绕知识创造、传递、融合与应用的活动所组成的组织系统，是一个实在存在的具有组织形态的学术实体。""中心是学科和事业单位的交叉，使大学教师隶属于两种完全不同形式的组织，并把他们置于双重权力之下。很大的权威坐落在系科或工作层次，在这里教师既代表他们的学科领域，又为特定的高等院校工作。"有的学者认为，学科的组织形态是大学结构的基础，是学科而不是单位把学者组织在一起。更有学者明确指出："学科是大学教学、科研和社会服务工作的基本组织单元，是包含行为规范、价值观、信息、物质技术基础和人才的组织。"

除上述的几种流派外，有的学者将学科的几种属性结合起来，提出了知识的双重形态说。宣勇（2002）在提出学科是一种学术组织的基础上，进一步提出，学科具有不同形态的存在方式，从形态上将学科区分为知识形态的学科和组织形态的学科。学科在知识形态上的存在是"形而上"的，是关于知识或教学科目的分类；在组织形态上的存在是"形而下"的，语义上是指大学的基层学术组织是大学组织的细胞。进一步地，他又在 2007 年提出，存在"作为知识分类体系的学科"和"作为知识劳动组织的学科"两种学科形态，"无论是从历史的角度，还是基于实践的考虑，两种语义的学科内涵都是共存的，企图通过一种语义去分辨或释义学科，只会带来更多的混淆"。

宣勇的这种观点与国外一些学者的观点不谋而合，如普赖斯（Price，1990）、希恩（Shinn，1992）都认为，学科应该包括认知上的学科和作为社会体系的学科，两者之间不应截然分开，而是相互依赖。在国内，宣勇的这种观点得到了部分学者的认同，有的学者根据宣勇的理解，提出把学科分为理论形态和实体形态。

学科对于人们思考、感知、寻求真理、认识世界等行为都会产生重要影响。现代社会中，人们探究人类环境的模式被深深地打上了学科模式的烙印，"我们认识世界通过一种特殊的、专门化的和界限分明的学科知识，我们放眼看世界通过我们所属学科的眼睛，并且总是认为整个世界表现出该学科的特征"。"学科不但能帮助我们去给世界分类，而且帮助我们给自己分类，学科的这些职能和目标都通过学科之间严格的边界划分来完成。"

通过对学科概念和内涵的分析，我们可以看出，学科是一个历史的范畴，也是一个发展的动态概念。"不存在超越历史时空的具有普适性的学科定义，学科更多地表现为几种内涵的共通和融合。"学科的概念和内涵也会随着时间、空间的更替而表现出多样性，我们只能在特定的时空环境下，根据自身需求来界定学科。

另外，上述对学科的定义更多的是从单一维度对学科进行界定，例如，科学的分支、教学科目的分支、一种组织形态等，就研究角度而言，这种定义方式有助于问题研究的深入，但是，若从实践的角度来看，单一维度的描述容易造成理论与实践的脱节，不利于人们更加深入、全面地去认识学科的发展规律，并以此去指导实践工作。因此，本书更倾向于我国学者宣勇的观点，认为学科存在组织和知识两个维度。

二　学科建设实践研究

学科建设具有典型的中国特色。在国外，很少有学者专门对学科建设问题进行研究。国内学者从学科知识形态对学科知识积累机制的研究成果显著，既有对传统学科知识积累的研究，也有对新兴学科知识形成过程与标准的研究，还有学者对一般性的交叉学科形成机理和作用方式进行研究。总体来说，代表性的研究成果有：

张大蓉（2005）以化学中的发明和发现时间为根据，阐述了有机化学形成一门独立学科的过程，论述了有机化学形成一门独立学科的时间比无机化学还早。

王续琨和常东旭（2006）认为，服装学科既包含一些具有数学自然科学属性的分支学科，又包含一些具有哲学社会科学属性的分支学科，是一个介于数学自然科学与哲学社会科学之间的交叉科学学科门类。在未来的演进历程中，服装科学将呈现精细分化、交汇融合、核心聚焦等演进发展趋势。

陈伟（2004）从文艺美学学科产生的历史条件和社会要求来分析这个学科在 20 世纪 80 年代的应运而生，指出它的形成是中国国情的产物。认为文艺美学在中国的诞生还有它的民族性基础和历史性基础：它是中国美学思想的表述方式，是中国传统文艺实践的评价准则。文艺美学与美学、文艺理论的学科区别主要体现在研究对象和研究视角上、研究的出发点和研究的方法上以及研究所用的学科话语上。

另外，还有高广阔（2006）对环境产业经济学的形成及学科知识体系建设的研究；王伟光（2004）对西方国际关系学科的形成、发展与走向的研究等。

上述研究多是以特定学科为研究对象，缺乏学科知识积累和成长的一般性。蒋葛夫（2007）认为，研究知识点跨学科的运动现象，确定有效的搜索知识点的策略是非常重要的，它可以降低选择知识点时的失败概率。按照关联度的大小、强度的大小、关联度和强度叠加、搜索中心转移、多搜索中心搜索等知识点搜索定位，跨学科知识点相互作用有比较两门或三门学科知识点合成、多学科知识点合成、软学科和硬学科知识点合成及共存五种方式。

学科建设问题是大学建设的基本问题和永恒主题。但是，在国外很少有人把学科建设作为一个单独问题从大学建设中剥离出来进行研究，在外文中，甚至找不到学科建设的恰当的对应词语。目前，在我国，关于大学学科建设的研究主要集中于以下四个方面：

（1）大学学科建设是什么的研究。学者关注的角度不同，对大学学科建设的诠释也不同。从系统论的角度出发，严冬珍（2001）认为，学科建设是一个由人、财、物等基本要素组成的系统工程，是一个通过"投入"获得"产出"的过程。从学科建设的内容出发，刘开源（2005）认为，学科建设是以学科学术性质为核心，集学科方向建设、学科梯队建设、学科基地建设和项目建设于一体的综合性建设。它不仅涉及学科自身学术水平的建设，还涉及组织、制度和资源配置等相关社会建制方面的建设。通过对学科进行规范和重组，保持学科方向、师资队伍、基地建设、学科组织建制等方面的相对稳定性和连续性，以实现学科的优势积累。从学科建设的目标出发，吴振球（2005）认为，学科建设就是按照一定的学科方向，对学术队伍和条件进行规划与建设，从而形成人才培养与科学研究的综合实力，以深化、充实、调整和改造已经存在的单个学科，创造尚不存在的学科，纵向上增加本学科的深度，从而实现学科知识量的增加、质的提高以及学科数量的增多。

（2）大学学科建设怎么样的研究，主要分析大学学科建设的现状。在大学，学科建设的优势和重要性得到了认识，也受到了强调，但大学在学科建设上对其优势的发挥实际并不理想，存在诸多问题，因此，王梅等（2006）认为，大学学科建设必须从以下几点出发："一是综合性和系统性，学科建设是一项综合性很强的工作，既包括理论研究，又包括实践操作；既有物质层面的建设，又有精神层面的建设。二是适应性与创新性，'适应'是学科生存的环境，'创新'是学科发展的动力。三是动态性与发展性，学科建设既是一个历史的概念，也是一个发展的概念，随着时代的发展变化和外部环境的变迁，学科建设的内涵不断丰富。四是长期性和持续性，学科建设不是一朝一夕所能完成的，任何急功近利的做法都有悖于学科建设的本质要求。"

（3）大学学科建设应当是什么样的研究。目前的研究主要集中于大学学科建设路径和方法的研究，在学科方向的选择、学术队伍的构建、学科结构的调整、学科组织的设置、学科规划的制定等方面进行探讨。如李铁君（2004）认为，大学学科建设要适应科学技术发展的规律和趋势；要适应国家和社会需求；要结合各大学自身的实际，办出特色和水平等。相较于实践的研究，理论上的研究明显不足，影响了研究结果的可信度和实用性。

（4）大学学科建设应当怎么做的研究，主要是学科建设的对策研究。如田恩舜（2002）认为，研究主要从宏观、中观和微观三个层面展开，宏观层面包括学科发展规划、学科建设的定位、目标和学科方向的选择；中观层面包括学科结构和布局、学科组织建设、管理体制建设；微观层面包括学术队伍建设、经费投入与管理建设、条件平台建设、科学研究和教学工作。

三　学科建设理论

国内外学者对学科建设理论的研究多是从学科发展历程和演化

过程进行分析，学者从不同的角度分析了学科发展演化理论。

（一）社会建制角度的学科发展

从笔者搜索的文献来看，国外关于从组织形态研究学科组织的文献并不太多，关于高校学术组织的研究一般更倾向于从两个方面展开：更为宏观角度的高校组织及其管理研究以及高校基层组织即学术团队的研究，而对于学科的研究基本上很少涉足。而将基层学术组织与学科之间的因果关系和逻辑顺序联系起来的文献则更少。

许多学者认为，学科的存在是理所当然的。大学部门、期刊和专业学位都展示了学科的名称，而物理学、生物学、历史学等更是耳熟能详。并且人们把学者和学科联系起来，例如物理学家、历史学家等。当然也有特例，如果一些研究领域在学科目录中找不到与其相对应的条目时，人们也能想到办法，总是人为地找到一些最相关的条目并将该条目进行修改，从而使其与研究领域相匹配，例如生物地球化学学科，就是一个人们人为地修改过的学科名称。

"学科"是一个灵活的词，可以有许多寓意。它曾经代表了秘密社团、传统专业（法律和医学）和工程科学（17世纪的声学、光学）的实践。在19世纪后期，随着大学的系、学部、部门、学术期刊和社会在模式上比早期变得更加专门化和更加深入，学科又被赋予了新的含义。学科的社会建制开始被人们重视。20世纪，学科仍和专业化密不可分。我们通常忘记这个词以前曾经被使用过，并且许多学者不那么重视，将学科视为一个最近才发展起来的、由自然现象所决定的新事物。一些学者将学科视为对现象进行研究的必然结果，或者在知识分子和机构发展中的一个目的论的过程而导致的结果。随着社会和制度因素，例如，教育和就业机会变得很重要，大家一直认同的理论和方法对于新学科的出现显得十分必要。罗杰·吉格（Roger L. Geiger）认为，博物学的形成和专业化联系在一起。他将学科的形成归为全时人员代替业余人员（他的分析主要以人文学科为基础，忽视了政府和产业是科学家的雇主，并且使科学家的学科身份有效）。专业人员首先要求主权国家接触专门知

识，接着在专业内开始正式教育，建立一套大学框架和有组织的协
会。学科协会的形成既可以通过之前就已经存在的学术实体裂变形
成，也可以通过本地机构融合形成更大的国家组织来实现。在允许
学科形成具有一定的弹性的同时，这个基本的目的论的方法很大程
度上是假定"确认是没有问题的"。这反映出一个普遍的看法：所
有的专门化都经过了同一条路径，从业余爱好者通过第一主业到职
业化（Daniels，1976）。这种初生专业模式的错误在于它的目的论
和它对科学智力和制度上的依赖，他人无法进行解释。

可见，罗杰·吉格认为，专业化是学科社会建制形成的初始条
件，而学科既可以从已有的学术机构中裂变形成，也可以融合本地
学术机构进一步扩张形成。

具体到学科形成的途径，与那些将学科定义为由自然或由从业
余到职业化的必然发展的学者不同，罗杰·吉格提供了一个称为
"集聚"的可供选择的方法，在集聚过程中，科学家将不相交的元
素集合在一起，将它们在一个更高级组织的框架内排列起来。这些
元素可能是概念上的、方法上的、实际上的或制度上的。它们包括
理论、工具、设备和研究问题。由好奇心或雄心所驱动的框架构建
者在一个稍微有些严格的设施内，例如一个实验室或代理机构，或
者在一个更大的包括许多类型的学术机构的设施内，组织个人行
为、集体行为。他们强调持续和效用，使他们自己和他们的同事相
信该集合的合法性，并且因此构建更大的框架。处于多个地点的个
人或团队可能研究一个单一的问题。或者，以前分散的研究问题可
能会由于特定的目的而置于一个标题下进行研究。现象被转换成为
研究问题，研究问题被共同地作为一个研究学派或研究惯例来对
待。研究学派或惯例被集聚在一起，作为一个更大的框架，通常称
为学科。接着，学科在理论上和实践上形成协会结构。这些更大的
框架只有部分地被自然现象所限制。他们组织或训练科学工作和工
人。有时我们称这些为学科、学科分支、暂时机构或跨学科组，资
格反映了该框架被实践科学家认可和接受的水平。这种综合是如何

形成的呢？不像那些目的论过程的进化，而是由争论、达成一致和协商产生的结果，有时是自觉性的行为，有时是无意识的行为。

罗杰认为，学科的发展路径是将学术元素和组织元素结合起来，将分散的学术研究问题在某一个范围更大的目标下统筹起来，选取特定的学术组织作为研究场所。学科发展的路径是：自然或社会现象—学术研究问题—研究学派或研究惯例—学科。成为学科之后，开始组织或训练科学工作和工人。学科发展过程中的关键是"集聚"，有特定的组织和社会建制将研究不同问题或不同学派的学者聚集在一起，组织个人行为和集体行为。

关于学派，有学者和团体对其进行过深入的研究和探索。最近关于科学中的研究学派的出版物使其内涵更加具体。杰拉尔德·L. 盖斯森（Gerald L. Geisson, 1981）对研究学派的定义是比较有影响力和比较权威的：成熟科学家组成的小群体并肩追求一个相当连贯的研究项目，同时也有高年级的学生在相同的制度背景下参与直接的、连续的社会和知识交互作用。早期比较著名的研究学派包括罗伯特·福克斯（Robert Fox）对物理学中拉普拉斯算子的研究。研究学派为科学研究组织提供了一个第一层次的框架。最近，Osiris期刊用一卷的版面致力于"研究学派"这个主题。在这一卷中，学派主要被视为研究导向的同时，它们至少也隐含了教育学的基本原理。这些研究集中于实验群体，有时也有一部分研究集中于分析领域科学和理论群体。

科学学科，作为一个历史问题，其边界与研究学派密切相连。在Osiris期刊，约翰·塞沃斯（John W. Servos）回顾了从19世纪科学家到近期的科学家关于学派的思想。虽然学派可以使科学家扩展其影响，但是，许多科学家将学派视为一个有效地训练基本技能的场所，不能提高原始性创新。

研究学派和惯例在科学框架下组织集聚过程中提供了最严格的共识水平。随着这个水平的提高，学派和惯例中的共识就会达成。问题是如何超越该学派，从而达到另一个水平的学科分支、学科等。其他更大的框架会超越单一的一个地点，专门化可能是区域的或国家类型的，传统定义为一个在社会中广泛接受的职能或任务。重要的转换点是超越单一性，因为每一步都是温和的或需要创造的。

学科在研究学派和更持久的框架之间的界面出现。"Disziplinbildung"这个词被民主德国的学者用来表示在这个边界之间移动，从当地到国家或国际层面的共识（Woodward，1991）。一个学派产生更高秩序的组织。在19世纪，学科是流动的、不固定的，当一个学科的特征是有争议或协商时，这个特殊的过渡期之后，建立起来的学科被认为是展示持续的结构：学科形成是一个定量。

另外，由于学科之间的学术边界不断变化，有的标注模糊不清，而且，在学科的知识领域覆盖模式方面，也有着许多明显的间隙和交叉渗透，"引入一套更为精细的一系列解释性概念就必不可少"，因此，"专攻领域或知识片段似乎提供了最为恰当的分析工具以解释复杂的内外关系"。专攻或学术片段成为分析学科的一个有效工具，有许多学者也从"专攻"的角度分析学科。例如，坎贝尔和维克斯力图（1999）认为，学术事业的核心，即知识分子组织的真正基本单位是专攻领域，正是在这一狭窄而深奥的矩阵中，人类的理解和人类试图探索的认知现实王国两者之间实现了最亲密的接触。贝克和特罗勒（Becher and Trowler）认为，人们讨论学科或专攻的时候会将特定的知识领域和相关的学者团体的概念混合使用，并认为，专攻就是学术团体。而伯杰和勒克曼从社会学的角度认为，学科和专攻的社会成分分别用学科社群（discipline community）和学术网络（network）来表示。

（二）知识网络及知识积累角度的学科演化理论

学科知识网络是由学科知识元素组成的知识节点和知识关联（知识链接）构成的网络状知识体系。也就是说，以特定学科领域内的知识单元作为节点，以知识单元之间的关联作为边或者链而构成的网络称为学科知识网络。顾东蕾（2008）认为，可以从知识场理论、知识生命周期理论、知识连接理论和知识地图理论来分析学科知识网络。

知识场理论揭示了学科知识网络的知识分布规律、知识扩散规律、知识联系规律、知识自组织规律。同时，知识场理论在一定程度上决定了学科知识网络在该时点上所拥有的资源，这里的资源包括经济性资源、结构性资源和制度性资源。学科知识网络的动力学过程就是学科知识网络在特定学科场域中识别资源、动员资源、获取资源和运作资源的一个动态过程。

知识生命周期理论认为，知识的发展与生物的发展呈现出很大程度的相似性，知识和生物体一样具有生命周期，其发展过程一样具有阶段性。知识是随着社会实践的不断需求而产生的。新知识诞生后，会经历加工、存储、应用的过程，继而投入生产实践，不断地接受考察、验证，发挥其自身价值。知识在时间上从产生到消亡的过程，称为知识生命周期。

伯特伦·布鲁克斯（1995）的知识连接理论认为，知识的基本组成单元是知识元，通过知识元连接，在知识仓库与知识元库之间以及在各自库内均形成了纵横交错的学科知识网络。如注释型连接，在知识元名称处提供该知识元内容解释；关联型连接，通过统计计算，对高频次共用同一知识元的知识单元进行连接。学科知识网络中的知识元连接、引文连接和相关文献连接正是知识连接理论中知识连接精髓的体现。

从认识论角度出发，知识地图是以由点、边及面组成的多维度网状结构来揭示学科的形成、分化和发展的内在机制以及学科之间关联的外在联系。它从图谱的二维状态出发，以一种螺旋上升的发展趋势演变为学科知识网络。但学科知识网络除以图谱揭示了学科知识外，还以网络化实现了学科知识的分类、检索和发现。知识地图理论引导学科知识网络通过将传统的基于关键词的检索上升到语义检索的高度这一过程，在一定程度上解决语义异构的问题，向着有效地获取知识的方向发展。知识元连接、引文连接和相关文献连接，体现了知识地图理论中网状图谱的精髓。

米娜等（Mina et al.，2007）以冠心病知识为研究对象，研究了通过何种机制医学知识得以出现、增长以及转移。作者以文献计量学为基础，采用引用网络分析的研究方法，揭露了在实践中解决相关医学问题时，科学知识和技术知识协同进化的路径依赖问题。通过文献的引用分析，作者认为，医学知识的进化过程具有不平坦、不确定、非均衡以及进化等特性。

琳达（Linda，2000）对于"护理是不是一门学科"这个命题展开了研究，研究结果认为，随着护理这一领域内科学知识的增长，护理理论知识、哲学科学以及护理实践的综合统一，护理学已经成长为一门学科，大学内开设的护理学博士点就证明了这一命题。护理学进化的核心是护理知识的积累与增长。安德鲁和奥尔德纳尔（Andrew and Oldnall，1995）从进化现象分析了护理学科的出现。从这个视角看待学科，他认为，护理学科的知识体系来源于护理领域的从业人员和学者的理解、灵感和经验，但是，如果从这个视角来看，还迫切需要支撑护理学科的一个决定性的理论基础和社会公众期望的变革，该理论基础和社会公众的期望可以促使护理成为一个应用性学科。他同时指出，如果没有从哲学视角下分析出是什么构成了护理学科的理论和实践，护理作为一门学科就不能有效地进化。

（三）生命周期视角的学科演化理论

在发展生命周期视角下，学者认为，学科的发展呈现出阶段性特征，在每个阶段，学科的任务、学科的研究方法和重点都不一样。而造成学科这种阶段性的原因多种多样，有学科的外部环境，也有学科的内部压力和动力。

罗伯特等认为，技术学科的发展总是经历了商业需求、化学反应、阶段转化以及被提议形成学科，技术学科看起来总是显示出一种曲线行为。以材料学科为例，材料技术起初以越来越高的增长率增长，不久以后变缓，最后变平。但是，这种饱和或枯竭，如果没有死亡或消失，会导致一种新的技术或学科出现吗？化学工程、生物工程、生物工艺以及纳米技术就给出了相应的例子，说明之后已经发生什么、正在发生什么以及会发生什么。学科变平以后，（1）通过人们有意识或无意识的行为，新技术或新技术学科又有了新生命，有时基本原理会改变，有时研究重点、方向和方法会改变；（2）新技术或新技术学科，快速地或缓慢地消亡。因此，笔者认为，技术或技术学科，增长过程中显示了一种S形的模式，如图2-1所示。

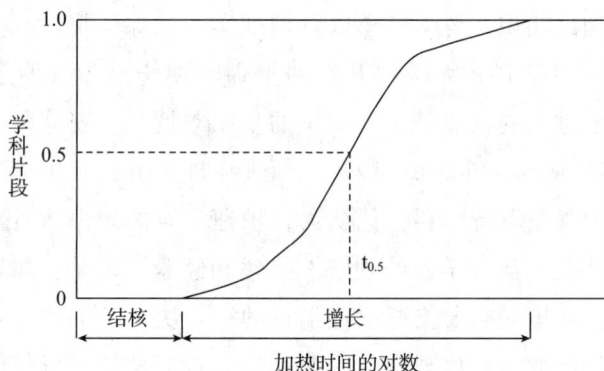

图2-1 材料的结核和增长过程

在这种S形的行为中，增长较为缓慢，随着特定的关键事件和投入发生集合，接下来，以一种加速的速率增长，再后来，随着资源枯竭（或者在商业中由于市场饱和），增长开始变得缓慢并且最终变平。除非有一些东西改变了技术或技术学科的基本原理，否则这些技术或技术学科最终会变平或者完全消亡。

还有学者从学科自身来总结其发展规律。如针对科学研究成果、科学出版物、科学家队伍等在一段时间内的数量呈指数增长的统计现象，美国学者普赖斯一方面指出，科学是在加速发展，而且每个学科都有蓬勃发展的"科学青年期"，一段时间内确实呈指数增长；

另一方面又指出，科学发展的所有明显指数型规律终将成为逻辑型。这一规律已成为学科发展的典型规律，并得到普遍应用。

学科代谢规律也可以称为学科生长与学科萎缩规律。学科的生、亡、盛、衰是科学发展中的普遍现象。正如吴文俊（1978）在论及数学学科盛衰兴替时所指出的，绵亘于整个 19 世纪的投影几何学，由于基本上已搞清楚而被作为档案搁置在图书馆的书架上。在 20 世纪 20 年代盛极一时的射影微分几何学，则由于后来发现意义不如预期而受到冷落。作为微积分最早应用的古老学科"变分法"，本来消沉已久，近一二十年来，却以另一种控制论的新面目出现在技术领域中，显得十分活跃。这就是一种知识代谢现象。一些学科在生长，一些学科在萎缩，新的学科不断产生，旧的学科可能消亡。这一现象的背后是学科生长与学科萎缩规律在起作用，它反映了知识的进步、学科的演化，如果能从定性到定量逐步揭示出学科生长与学科萎缩规律，则对制定学科发展战略尤其是前沿学科发展战略等具有指导意义。某学科在某一时间段内研究成果的数量反映了该学科的生长周期。如果研究成果呈指数增长，标志着学科生长；如果研究成果数量平稳，标志着学科成熟；如果研究成果呈指数下降，标志着学科萎缩。根据这一规律，对某具体学科的研究成果，按时序进行统计处理后，就可以对其所处的发展阶段做出简明判断。

宣勇等（2006）也将学科组织的发展阶段划分为不同的生命周期，分别是生成期、生长期、成熟期与蜕变期四个阶段，并在此基础上提出了大学学科组织生命周期理论模型。在学科组织的各要素如学者、学术信息、学术物质资料还不齐备的时候，学科就进入到生成期，生成期发展到一定程度，就演化为生长期的学科，此时构成学科组织的各项要素集结完成，学科的研究方向也逐渐凝聚，但是，由于学科组织在人力、财力、物力等方面都比较薄弱，所以，学科虽然具备一定的知识产出能力，但是，这种能力较为微弱且不具可持续性。处于生长期的学科，学科的组织结构与内部管理的正式化程度相应地提高了，学科的物质条件有较大改善，学科队伍逐渐形成梯队。相应地，学科在知识产出方面的能力迅速提升并具有持续性，学科在基地建设以及学位点建设方面开始有所突破。处于成熟期的学科，学科组织结构日趋精致化，同时形成了独特而又稳定的学科文化，各项能力已经发展成熟并保持稳定，表现为拥有博士学位授予权，通常已经成为国家重点学科。所以，此时的学科不但具有持续的知识产出能力，同时这种能力长期维持在较高水平上。

（四）发展动力机制的学科演化理论

张乐育（2007）首先阐述了学科科学知识的基本动力和直接动力。认为实践是认识的基础，同时又要注重认识的辩证发展，要重视基础研究和科学理论在推动科学发展中的重要作用及其在一定条件下的决定作用。发现和解决认识运动、科学领域中的内部矛盾（须知与未知的矛盾，从而提出命题、构想、猜想等）是推动科学发展的关键。其次，理论联系实际，分析"任务带学科"一方面具有推动科学发展的重要作用，另一方面它忽视基础研究、忽视理论思维和科学理论的指导作用。从理论来看，它没有全面正确地反映推动科学发展的各种因素及其相互作用；从实践来看，它不符合党和国家现行的科学技术政策，不利于我国经济地理学基础研究的顺利发展，成为我国经济地理学理论方法长期落后的重要原因，因而对"任务带学科"展开讨论具有重要的理论意义和现实意义。

庞青山在《大学学科论》一书中提出：科学是学科存在与发展的基本指导因素，任何一门学科，都是科学体系的一个组成部分，其发展必然要受到科学发展的内在逻辑的影响。科学发展的内在逻辑是科学体系自身内部的矛盾运动，反映了科学技术发展的趋势。大学学科发展的基本动因是科学自身发展的内在逻辑以及一个国家不同时期政治、经济、科技、社会传统等多种需要的综合作用，不同情况下，某种力量起相对主要的作用。第一种力量是科学发展的内在逻辑，其发展要受到科学发展的内在逻辑的影响。第二种力量是社会的需要与政府的干预。社会的政治、经济、文化等方面的需求是学科发展的不竭动力，这种需求不仅为学科发展提供了丰富的材料，而且还为学科发展提供了大量的课题。离开了社会发展的需要，学科就会成为无源之水、无本之木。第三种力量是大学对大学学科的调控与大学学术群体及学术传统的作用。第四种力量是科学组织。科学是知识体系、研究活动和社会建制的统一体。以上这些力量共同作用于大学学科，影响和决定着大学学科发展的基本趋势，构成了大学学科发展的学术、组织和社会背景。大学学科就是在这样几种主要作用下不断发展着。

姜凤春、李枭鹰（2007）认为，大学学科的建设与发展过程既是学科发展内在逻辑不断演化的结果，更是人们对其施加有目的、有计划影响和规划的结果。因此，能否在对学科发展规律和演进能力进行探索的基础上，引导大学学科建设与发展规划从程序规划走向策略规划，从某种程度上决定了大学学科建设的创新能力。

有的学者从实践角度来认识学科发展的规律，指出："大学学科发展的规律是人们对大学学科发展的基本矛盾及特殊矛盾认识的反映。大学学科发展的基本矛盾是：无限增长着的学科发展需要与大学实际满足学科发展需要的有限能力之间的矛盾。特殊情况下，例如学校要进行重大的学科结构调整，变单一学科结构为综合性大学的学科结构，或者要在比较短的时间内，将一个弱势学科发展为强势学科等，则要求大学集中有限资源，重点投入和建设，其结果势必加剧大学学科间发展的基本矛盾，并体现为不同发展阶段大学学科的特殊矛盾。"

对于影响学科形成与发展的因素，一种观点认为，学科的形成与发展主要是由社会政治及意识形态因素决定的。如英国学者扬（M. F. D. Young）认为，学科知识是社会文化选择的结果，这种选择与统治阶级的价值和信念有关。霍尔利克－琼斯和西姆（Horlick－Jones and Sime）认为，观念、社会和制度是制约学科发展的重要因素。然而，这种把学科的产生与发展仅仅归结为社会政治因素的观点显然不全面，而且这种观点只注重社会政治对学科的需要，没有分析这种需要转化为可能的条件。

另一种观点认为，学科是社会、政治、经济、科学技术、文化传统、意识形态和教育等因素相互作用的产物。这种观点是比较全面的，但在这些因素中还需要强调人对学科发展的重要影响。有的学者通过分析学科发展的动力机制，间接地表达学科发展的影响因素。冯向东提出，影响学科发展最重要的力量是科学发展的内在逻辑、科学组织、社会需求和政府干预。周进提出，科学发展的内在逻辑、社会需要和国家对科学及教育的政策、大学、科学组织中的学术群体是影响大学中学科发展的四种力量。苗素莲认为，学科发展的动力机制有以下三个：一是认识主体也就是学者好奇心的推动；二是社会发展的要求；三是学科协同效应的作用。刘文达等则认为，学科发展的生命力在于质量、推动力在于社会需求、活力在于学科交叉、显示力在于优势、潜力在于积累、支撑力在于科学研究、保障力在于投入、向心力在于软环境。学科发展是"力的集成"。显然，这种观点已经不仅是动力机制的分析，而是涵盖了学科发展的全过程。

（五）形成路径视角下的学科发展理论

在国外，高校的学科演化通常是站在历史的高度进行研究的，大多数是从时空的角度出发。英国兰开斯特大学社会研究中心主任哈罗德·珀金教授曾从历史学角度，对欧洲、美国、日本大学的学科发展和大学形式的演变进行了研究。他认为，欧洲中世纪大学与其他专业训练学校的区别就是它的多学科性。他说："从教学角度说，导致大学与其他专业训练学校显著不同的是它的两个多学科性：第一，神学部、法学部和医学部这些研究生水平的专业学部在同一机构中并列教授；第二，这些高级的专业课程是设在七艺共同课程之上的。因为绝大多数学生可能不再继续就学，文学部为他们在读写、辩论、思维、计算、量法和自然科学基础知识方面提供的有用训练，使他们适于承担教会和世俗政府中的种种职业。以辩论为主的教学方法使学生个个变得能言善辩，学生正是依靠这种本事在布道、法庭听证和政府讨论中崭露头角的。"

法国学者爱弥儿·涂尔干在其著作《教育思想的演进》一书中提出了大学学科的集聚性。大学学科的集聚性是指大学的学科往往不是以单一的学科而存在，而是不同学科的集合。"学问的各个分支领域集中到一起，人的学问的所有方面尽可能多地集中到一起，而无论是过去的大学还是现在的大学，真正有价值的功能就是这种集中。"在中世纪大学建校之初，大学主要是一种师生的集合，是人与人的集合导致了研究与研究之间的联合。随着大学的发展，一个个学科领域将不同的学者联系在一起，是学科领域的联合带动了人与人之间的联合。大学似乎有一种天然地、自发地、努力地将学科体系变得更全面的倾向，大学有"一种根深蒂固的情感，觉得如果大学不包括人的学问的多种分支甚至所有的分支，那么它将永远不会完成它真正的使命，永远不会实现它真正的特征"。这也许是大学的一种本能，这种本能的基础就是大学学科的集聚性。大学学科的集聚性为我们理解大学的本质提供了一种新的视角，因此，"要特别关注大学学科之间相互联系的本质，放弃边界封闭的过度简单的观点"。

比利时交叉学科理论专家阿波斯特尔（L. Apostel）认为："一门科学是一群人的产物，只要这些人从事某些活动（观察、实验、思考），这些活动又导致某些相互作用，那么这些相互作用就只有通过交流（文章、口头交流、书籍）才能实现。这些交流主要是在本学科的实践者内部，也在外部进行。这种活动只有在具有通过教育手段从一代传到下一代的特点时，才能被称为学科。"阿波斯特尔从动态角度来解析学科，认为学科的构成离不开"人"与相关的"交流活动"，强调了学科的教育功能。

理查德·R. 纳尔逊（Richard R. Nelson）提出了人类知识的不均衡进化的观点。他指出：我们很早就知道了技术、知识的优越性，它们是经济发展的源泉。但我们并没有完全意识到人类知识在某些领域是非常不均衡的。纳尔逊指出，探究其不均衡的原因，一个重要的方面是科学背后不同的技术发展不平衡，但这只是将问题向前推进了一个时期，为什么科学发展不均衡？纳尔逊从医学和教育等方面进行了比较研究。

伦斯奇勒和多伊尔（Renschler and Doyle，2007）从交叉学科角度分析了地形学和生态系统学科交叉的问题，两者对对方都有一定的影响，两者之间存在界面结构。分析了两个学科的发展现状，回顾了两者并行的发展历史。针对有些人认为两者之间在发展过程中会自然而然地融合问题，作者认为，由于各自学科的研究范式、研究方法、路径、固有问题、研究优先权不同，两者之间不会自然地融合，必须进行一定的整合。首先是各自领域内的科学家相互学习，地貌学家和生态学者相互学习，其实是确定交叉中的研究范围，他们认为，研究范围定得广阔一些更好。

从学科发展的历史来看，早期的学科是一种原始的混沌化学科，如"自然哲学"包括人类对自然现象认知的知识集合。随着人们对自然和社会规律认识的不断深入（包括宏观和微观两个层面）与人类发展对自然和社会规律不断地准确把握（包括享用和认知两个层面）的需求，原始的混沌化学科逐步分化，专业的精细化学科不断涌现。如由自然哲学分化出物理学，由物理学又进一步分化出宏观层面的天体物理学和微观层面的量子物理学，还有电子学、光学、磁学等。

在学科知识经过长期、自然的积累已形成比较成熟的逻辑概念体系，学科的精神规范得到了学科内外同行的公认，学科声誉和价值已经得到社会的承认和肯定之后，才开始建立学科的外在建制，并最后走向外在建制和内在建制的良性互动，从而推动学科的发展和成熟——这是一条典型的由内而外、由观念建制到社会建制的建设路线。

（六）构成论视角下的学科演化理论

无论是从学术组织角度还是从研究领域角度看待学科，要成为众人公认的学科，必须有一定的衡量标准且有一定的构成。目前比较权威且被人们广泛接受的标准是库恩（1980）提出的学科范式。他认为，一个学科要被人们所认可，必须具备一套相对完善的定理、理论和方法，并且通过独特的语言和表达方式，将自身与其他学科区分开来。

虽然库恩的概括较为笼统，但是，为以后学者的研究奠定了理论基础和分析框架。在他分析的基础上，金和布罗内尔（1996）又进一步深化了学科的标准，他们认为，要想定义一个学科，必须确定学科的许多不同方面的因素。这些因素包括一个团体、一系列沟通交流网络、一个传统、一系列特有的价值和信念、一个研究领域、一种探究模式以及一个概念结构。随后的研究中，学者在这种思想指引下，又针对具体的研究对象给出了自己的观点。例如，约翰斯顿和韦伯（Johnston and Webber, 2006）认为，信息情报学作为一门正式的学科，必须从学术上和建制上具备以下七个条件：（1）具有职业协会和专业期刊；（2）出现国际性社团；（3）存在学术组织、部门和课程；（4）能够培养研究生；（5）具有独特的语言和表达方式；（6）身份的合法性确认，与其他学科的明显区别；（7）知识和科研基础，即确认研究问题和一致的方法论。而信息情报学作为一门学科，还必须包括以下三个特征：首先，合法身份的获得，即通过自由地获取和利用数据、信息等手段，积极参与社会、政治和全球发展。其次，促进经济增长，通过透彻地、创造性地利用知识，促进新的和已有的企业及其他组织的发展。最后，促进社会职业发展。通过教育、培训、新知识和新技能的持续利用来促进就业。

伯根等（Bergen）通过对新兴学科——工程生态学的研究，认为该学科要获得公认，必须经过以下四个步骤：（1）确定工程生态学的设计原理；（2）创立学科专门的期刊：生态技术期刊；（3）创立全国性职业社团；（4）设立工程生态学学术课程。然而，上述步骤离该学科的成立还有一段距离，关键是根据工程科学的几个基本原则，将其和生态学结合起来，设计出工程生态学的研究框架。

索尔姆斯（Solms）将信息安全学科划分为政策维度、最佳实践维度、伦理维度等 13 个维度，对其中的 10 个维度进行了说明，最后研究了这些维度之间的相互依赖关系。

可以看出，上述两种观点具有一定的相似之处，例如，认为一个学科的成立都需要成立领域内的专业期刊、具有全国性或国际性专业社团等。这些衡量条件大多属于定量标准，易于衡量。另外，国外学者所研究的学科属于知识领域视角下的学科，对于处于高校中以组织形态存在的学科组织的形成标准并未进行进一步探讨。

贝斯奇拉格和赖尔（Beyschlag and Ryel，2007）根据管理学中的层级理论，分析了植物生理生态学的组成。从这个角度看，他认为，该学科是连接复杂层级结构高层面的群落、生态系统和生物圈以及最底层的生理学和分子生物学之间的一个纽带，该学科是由生态系统层次过程、植被组成、结构和动力机制，植物生态学、分子生物学等几种观点或理论交叉形成的，并对形成过程的机制进行了描述。

与国外学者不同的是，国内相当一部分学者给出了相对普适性的学科形成或成熟的若干标准。然而，相对而言，这些标准中定性解释的较多，定量衡量的少。例如，黄一岚（2007）认为，一个学科的形成至少要符合以下几个条件：（1）确立了以特定知识领域为研究范畴的组织目标；（2）其存在的合法性获得校方认同；（3）具备学科组织专属的人力、财力、物力；（4）形成以学科带头人负责、按学科研究方向分工协作的组织结构；（5）具有一定的知识产出。可以看出，该研究从高校学术组织角度给出学科形成的标准。

另外，国内学者更多的是从知识研究领域视角提出了自己的观点，例如，刘仲林（1998）认为，一个知识领域要能称为学科，必须具备六条标准：（1）有明确的研究对象和研究范围；（2）有一群人从事研究、传播或教育活动；（3）有代表性的论著问世；（4）有相对独立的范畴、原理或定律；（5）有正在形成或已经形成的学科体系结构；（6）发展中学科具有独创性、超前性，发达学科具有系统性、严密性，不是单纯由高层学科或相邻学科推演而来，其地位无法用其他学科替代，能经受实践或实验的检验和证伪。万力维（2006）在探讨学科等级制度和学科地位时，认为学术界通常按照学科的专门化、规范化和理论化来评估学科的学术地位，同样，可以将这三条标准用于衡量是否真正形成了学科。周川（2002）认为，一门学科的知识体系，一般来说，主要由经验要素、理论要素和结构要素三种要素组成。

第二节 学科知识创新研究现状

一 学科知识创新方式

不同的学科知识生产方式也不尽相同。一般来说，理工门类学科知识生产多为团队生产，而人文社会科学类多以个人生产为主。如贝克（1989）认为，理工学科的研究大多以团队合作的方式开展，人文社会科学的研究更多地表现为孤军奋战。近年来，随着科学技术不断发展，学科之间不断地交叉、融合，学科表现出高度综合和高度分化的双重特点，而学者对学科知识生产方式研究日趋深入。目前，比较常见的知识生产方式主要有学科互涉（Interdisciplinarity）、多学科（Multidisciplinary 或 Pluridisciplinary）、跨学科或超学科（Transdisciplinary）以及交叉学科（Crossdisciplinarity）等，另外，还包括若干曾被学者用到或者尚在运用的术语，例如合作学科（Co‐disciplinarity），它强调两个学科间的合作；联合学科（Condisciplinarity），它强调各种学科的联合体以及其他诸如 Intradisciplinarity 和 Infradisciplinarity 等。

曼弗雷德（2005）曾对几个与学科相关的知识生产方式进行过详细和形象的辨析。他认为，学科就是一门专门的、孤立的学问，学科群（Multidisciplinary）之间并不存在必然的联系。一个人可以同时（或先后）学习不止一门学科的知识，例如，一个人可以胜任化学、社会学或逻辑学，而不需要在这些学科之间产生任何的联系，实际上，现代社会掌握学科群知识已经成为一种非常普遍的现象，一个人可以从不同的学科角度研究同一个问题，得出不同的结论，但不需要将这些结论综合集成起来。另一种形式的学科群（Pluridisciplinarity）则强调学科之间有联系，但并不等同。学科之间可以有合作，但不等于调和或同等。一般是指知识领域之间有相容性，有着共同的等级层次，如物理学、化学和地质学，或者历史学、社会学和语言学。对其中一门学科的学习会增加对其他学科的理解。这与埃里克·简茨奇（Erich Jantsch，1972）的观点一样，他认为，学科群是各种不同学科之间合作的第一步，相关学科之间的关系会因为合作而加强。曼弗雷德认为，学科互涉涉及两个等级层次。言外之意是，当若干相关学科有共同的公理体系时，学科互涉就会发生在更高一个层面。跨学科或超学科是近年来研究复杂社会问题的一个有效方法，它跨越了传统的学科知识边界，有别于学科互涉或学科群。曼弗雷德认为，跨学科或超学科是若干个目标导向的学科互涉结合在一起而形成的。

埃尔塔斯（Ertas，2000）从学科间的关系来分析各种学科知识生产方式，他的理解如图 2 - 2 所示。

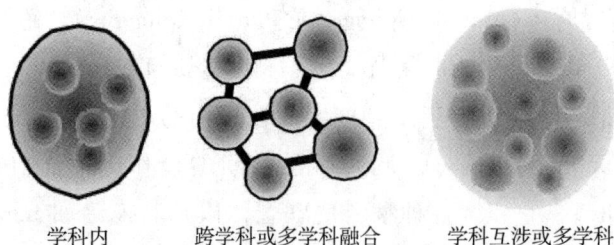

学科内　　　　跨学科或多学科融合　　　　学科互涉或多学科

图 2 - 2　埃尔塔斯对学科体系的认识［根据埃尔塔斯（2000）绘制］

卡拉（Carla，2007）从学生教学和课程设计的角度重新诠释了学科群、学科互涉和跨学科之间的差别。在全球经济一体化的大环境下，为了提升学生应对未来多变环境的能力，他提出三种将课程整合的方法：

（1）学科群方法：教师通过几个学科领域构造一个学生学习的主题和课程（这几个学科领域之间没有交叉重叠），传授不同学科下的学科技能和概念；

（2）学科互涉方法：教师通过将若干相互重叠的学科的技能、概念和态度来设计学生的学习课程；

（3）跨学科方法：教师根据学生所关注的焦点问题来设计课程，该方法强调了现实生活背景，如以项目为基础的学习。

值得一提的是交叉学科的概念，交叉学科是一个比较模糊和晦涩的概念，它是由玛格里特·鲁斯基（Margaret Luszki）提出来的，但仅仅采用了它的形容词含义，鲁道夫和菲利普（Rudolf and Philipp，1999）认为，目前，对于这个词尚未有精确的概念，这个词也并没有被人们所接受。在 1970 年召开的 OECD 会议上，埃里克·简茨奇认为，"交叉学科"这个词用来描述和刻画一种位置，该位置一方面处于多学科 I（Multidisciplinarity）和多学科 II（Pluridisciplinarity）之间，另一方面处于学科互涉和超学科或跨学科之间。国外学者对该词的应用比较少，而国内则相对比较频繁。

国内对学科知识生产方式的研究成果比较多，既有对学科科技创新行为的地位和作用的研究，也有对学科内知识生产和知识传播（教学与科研）相互关系的研究，还有对交叉学科知识生产、跨学科知识生产以及学科群构建的研究。

如刘莉莉（2000）针对部分教师把精力过分放在科研而忽视教学的现实，重新审视了科研在大学中的地位，并通过五个层面的分析，指出要正确对待教学与科研的关系，走出对科研认识的误区。

陈宪等（2000）根据自己的切身经验，组建了教学科研一体化小组。即不同学科的教师结合成一个整体，打破学科界限，把教学与科研有机地结合起来，共同研究如何提高教学质量，通过产学研相结合的道路来提高教师素质，改善教学效果，提高科研质量。

赵婷婷（1999）认为，教学与科研是大学中的两项主要活动，虽然两者在大学发展史上有过相对协调的阶段，但总的来说，矛盾多于协调。通过对大学历史的考察发现，每次教学与科研矛盾的激化都伴随着社会现实与大学理想的冲突。

朱东华等（1992）对我国高校知识生产的学科管理结构的演变进行了研究。在简要地分析开展学科组织管理结构研究的目的和意义的基础上，对我国从成立初期到 20 世纪 80 年代一些重要科研机构学科组织管理结构的历史演变过程进行了初步研究，其目的是从科学研究的学科组织管理结构入手，对科学资源在各学科领域分布的合理性评价及基础学科资助政策问题展开分析。

宣勇和钱佩忠（2007）认为，知识增长促进作为知识分类体系学科的分化、综合、交叉；知识增长方式的转变推动作为知识劳动组织学科的产生和发展。同样，作为知识分类体系学科和作为知识劳动组织学科的发展促进知识增长，作为知识劳动组织的学科是知识传播、应用、创造的集约化组织，是大学需要着力建设的基层学术组织，它能保持知识的可持续创新和增强知识的"集团创造力"。

宋保维和崔景元（2006）结合十余年的教改实践，分析了所在单位着力抓学科建设，促进师资、精品课程、教材、科技创新平台和基地等要素同步提高的做法；促进学科建设、科学研究相结合，构建创新人才培养体系的措施。

李晓强等（2007）认为，随着以 NBIC 为核心的汇聚技术的崛起与众多非传统知识生产模式的涌现，学科汇聚作为在整体论基础上的学科交叉与融合，已成为知识生产的新趋势。要在遵循学科汇聚相关原则的基础上，把握知识生产的新趋势，不断凝练汇聚目标，打破学科界限，开展通力合作，整合全球资源，以应对 21 世纪科技发展的新浪潮。

王新德等（2003）从分析高校科研中学科交叉的特点出发，结合上海交通大学学科交叉平台建设的实例，提出以大项目为平台，促进学科交叉，加快高校科技创新，并就其优越性和实施措施进行了理论探讨。

马跃等（2007）对交叉学科研究的成长环境与动力机制进行了分析。首先，概述了交叉学科研究的发展要素，分析了相应的内外部环境。其次，运用系统动力学的观点，对交叉学科研究的动力机制进行分析，提出交叉学科研究的动力源，建立交叉学科研究的动力模型并进行了模型分析。最后，提出把握规律、努力实践、建设环境、重视高校交叉学科研究等促进学科体系发展的建议。

黄红富（2007）在对交叉学科在高校中的地位和作用、当前交叉学科建设中存在的问题进行分析的基础上，提出建立交叉学科研究的平台体制、建立交叉学科共享的实验平台、创造既团结又竞争的人文环境和建立高水平可持续发展的交叉学科后备力量培养机制等多项措施。

周兆透（2006）在论述了大学、跨学科研究与跨学科研究组织的关系以及跨学科研究组织出现的原因之后，在对比的基础上，论述了跨学科研究组织与大学传统的学术组织的不同以及跨学科研究组织的管理创新。

二　高校合作知识创新行为

高校知识创新行为可以从多个角度进行衡量，但是，目前国内外研究最多的是高校学科知识转移行为，即学科的合作创新行为。因此，在本书研究中，以分析高校合作知识创新行为为主。这种行为主要被学者称为技术转移。

（一）大学知识合作创新行为内涵的界定

技术转移的含义是指基本原理和规律、技术知识、技术从一个组织向另一个组织移动。大学技术转移有广义和狭义之分，广义的技术转移是指大学的发明、原理及方法从研究组织（大学）向研究使用者（主要是企业）转移的任何过程和阶段。如帕克和齐尔伯曼（Parker and Zilberman，1993）认为，大学技术转移是指大学的基本理解、信息和创新向单个或多个企业等私有或准私有部门转化的任何过程，这里的技术不但包括一般意义上的大学成型的技术，还包括一些基本规律、基本原理、隐性知识和显性知识等内容。另外，还有狭义的技术，这主要是指大学已经成型或成熟的技术，例如，美国 NSB（National Science Board，2000）认为，技术转移寻求满足那些更直接的、特定的产业需求，这里的技术是可以满足特定市场需求的、大学与企业共同研发出的技术。另外，由于大学技术转移的主要接收方是企业，国外对大学技术转移行为的研究也大多从企业着手，因此，本书以下综述都是针对大学和企业之间的技术转移关系。

1. 大学技术转移机制

大学技术转移机制是指大学以何种方式、途径或渠道将大学的知识、技术、机能等转移到应用方。大学采用何种机制将其技术进行转移是大学首先要考虑的问题。有人认为，大学最重要的技术转移机制是专利出售和专利许可。然而，这两种机制并不是大学转移其技术的唯一机制，大学应该同样注重其他形式的技术转移机制。实际上，除了专利授权和技术许可，大学技术转移的途径也是多种多样的。国外学者总结了许多技术转移的机制，其中，库珀（Cooper，2006）的总结具备了一定的代表性，他将大学技术转移的机制分为大学座谈会、出版物，大学提供顾问、咨询和技术服务工作，交换计划，研发合资，研发合作协议，专利许可，基于合同的研究，大学科技园，培训等几种形式。另外，沙廷格（Schartinger，2002）、雷金纳德·布伦南拉茨（Reginald Brennenraedts，2006）从知识转移角度分别总结出了 16 种和 10 种大学技术转移机制。

2. 大学技术转移机制的分类

大学技术转移机制多种多样，差别较大，在这些技术转移机制中，不同的机制是否存在一定的共性或相似之处？如果能够找出这些存在共性的技术转移机制，那么就可以对这些机制进行统一的组织与管理。国外学者根据自己的研究成果针对这一问题给出了答案。其中，有代表性的有：按照主体间物理距离远近，Annamária（2004）将大学与企业合作关系分为孤立关系（如针对对方需求开展讲座），垂直、远距离关系模式，水平三重螺旋模式；按照主体间联系紧密程度，迈克尔和阿洛克（Michael and Alok，2002）将大学与企业合作模式依次分为研究支持、合作研究、知识转移式和技术转移四种模式；按照合作紧密程度，约翰（2005）将大学与企业合作模式分为研发合作、人员流动、培训与教育和研发成果商业化四种模式。

3. 大学技术转移机制的对比与选择

除对各种技术转移机制进行总结外，国外学者更关注的是，对于各方来说，何种途径最有效。从企业角度来讲，国外学者认为，由于不同产业部门中企业的知识和技术基础有较大差异，因此，对大学技术的需求也各不相同。如沙廷格等（2002）认为，不同产业部门的企业会利用不同类型技术和市场知识，但一般情况下，大学产业联结在以科学为基础的产业内更加频繁。他们通过实证研究，发现合作研究和员工的流动交换是最常用的途径，尤其在化学、生物工艺学、工程学和信息技术。Balconi 和 Laboranti（2006）通过对微电子行业的研究，认为在工程学科契约和合作研究、劳动力转移和学生的流动等技术和知识转移形式非常重要。从大学角度讲，学者主要是分析大学的学科差别及知识基础对技术转移机制的影响。例如，朱克等（Zucker et al.，2002）认为，在生物工艺学领域，突破性学术发现往往会以大学衍生企业的形式来实现转移。伊斯特和帕特尔（Easte and Patel，2007）基于对英国大学内学术研究者的调查，认为大学研究者采用多种方式与产业交互，契约和合作研究、学生流动和转移行为对于工程和其他生产知识的学科来讲非常重要。

（二）大学技术转移的影响因素

影响大学技术转移的因素可谓多种多样，既有转移双方自身的因素，也有外界条件的因素；既有对大学技术转移机制的影响因素，也有对技术转移效果的影响因素。国外学者对于大学技术转移影响因素的研究文献颇丰，研究内容也涉及技术转移的方方面面，如大学和企业特征、大学和企业参与动机、组织和管理机制等。

1. 大学技术转移参与动机及障碍因素

大学和企业参与合作创新的动机不尽相同。对于企业而言，不同类型的企业参与合作的动力不尽相同。例如，大企业将规避风险作为参与大学合作的重要动力，对于企业现有技术领域之外的、高风险的技术，大企业通常是采取购买而不是独立研发，因为大企业具有购买的财政实力。大企业与大学开展产业范围内的合作，但是，许多技术都不是企业的核心（Rea et al.，1997）。相比较大企业，中小企业通常不具备较强的财政实力，本身也不具备更多的研发人员。因此，中小企业与大学合作的动机之一，是通过与大学进行本企业核心技术领域的合作来提高核心竞争力（Michael and Alok，2002）。艾尔文等（Irwin et al.，2002）通过对 1981—1990 年 18 个 ERC 的调查分析，发现企业参与合作研究主要是为了获取新的知识，而不是特定的产品或工艺。对于大学而言，科学家的学术研究行为较为自由，其动力可能是为了获取经济收益、得到同行的认可、提高社会声誉、建立关系网络，等等，例如，斯蒂芬和帕梅拉（Stefan and Pamela，2009）分析了大学科学家创业行为的动机，通过实证研究，他们发现，大学科学家的创业行为主要依赖于科学家专利行为、创业经验、个人对于商业化研究的观点以及个人与产业的关系。

对于合作过程的障碍因素研究的文献较早，主要集中在 20 世纪 90 年代，目前已不是研究的重点。技术转移的高风险性决定了转移过程必然存在一些障碍，例如，埃尔德雷德和麦格拉思（Eldred and McGrath，1997）认为，技术转移是一个高风险过程，因为谁都不能保证一个技术转移项目会最终成功地开发出适销产品或者投资可以收到预期的回报。从不同的合作主体角度出发，障碍的内容和大小也不尽相同。例如，对于企业，尤其是中小企业来说，它们所要求的技术一般是解决实际问题的，而不是一些战略性的、以科学为基础的纯研究。对于大学管理者而言，他们对大学技术转移的错误观念导致技术转移过程存在问题。对此，阿萨纳西奥斯（Athana-sios，2006）对障碍问题的研究较为系统，他对大学与企业合作中的障碍进行了分类，并分别予以描述。他认为，障碍可以分为四类：（1）关系相关的，如文化的、感知的、沟通的、动机的、社会和政治的；（2）制度上的，如基础构造、规则、激励结构、市场结构；（3）内部的，如能力、战略、时间约束；（4）知识转移相关的，如知识的类型和特征。

2. 企业特征对大学技术转移的影响

企业特征对于大学和企业联结的形成及大学技术转移也有非常明显的影响。许多文献已经证明，技术转移过程中（不仅仅是大学技术转移），技术接收方的吸收能力对于技术转移的效率及成功率具有显著影响（Agrawal and Henderson，2002；Murmann，2003）。在大学技术转移过程中，企业的科研水平同样非常重要。许多研究已经探索了企业特征如何影响不同类型的大学和产业合作。研究证明，那些有着更高的研发强度与密度的企业与大学合作的可能性也更大（Arundel and Geuna，2004）。

企业的所属行业及其行业的知识基础对于企业建立与大学的合作关系影响也很明显。科恩等（Cohen et al.，2002）认为，在以科学为基础的产业中，基础科学发挥的作用是非常高的，如在医药品和化学品行业。这样，大学的技术对于企业来讲就不是必需的，大学技术转移就难以实现。相反，在一些以技术为基础的行业，如在生物工艺学及相关领域等几个部门中，大学的科学发现和技术成果能很快应用于产业，企业也就很容易与大学建立合作关系。穆迪森等（Moodysson et al.，2008）认为，企业与产业的创新过程强烈地依赖于特定的知识，例如解析知识或综合知识。解析知识是指产业创新依赖于特定的知识，例如生物制药产业；综合知识基础是指产业将现有知识进行新综合的能力。解析知识和综合知识相结合的产业一般要求激进式创新，例如，医药设备产业和先进材料产业。麦克米兰等（McMillan et al.，2000）认为，在生物工艺和制药产业

（这些产业比较依赖于学术知识和比较基础的科学研究），出版物看起来比其他产业部门更加重要。

3. 大学特征对合作关系的影响

一般认为，具有更高科研水平的大学参与企业合作的可能性更大，合作的成功率也更高。布鲁诺和奥森尼戈（Bruno and Orsenigo，2003）通过对意大利部分大学的分析，认为产业资助大学的决定因素是大学和员工的科研质量，而不是产业需求的强度。他的观点和结论与许多学者的研究发现不谋而合，例如，埃斯特和范塔纳（Este and Fontana，2007）通过对瑞典大学与企业合作情况的调查也得出了相似的结论，即大学水平越高，排名越靠前，与企业合作的概率也越大。

然而，这种结论并不是普遍适用的，有文献证明，低水平的大学也能参与企业合作，并且也能做得很好，例如，德伊斯特和帕特尔（2007）利用英国的数据，发现低排名的大学在应用学科方面也能广泛参与到大学和企业的合作之中。其原因是：首先，低排名的大学不要求进行公共基金项目的研究，从而使企业资助成为经济的主要来源，大学必然要将全部精力放在追求企业资助方面。其次，低排名的大学可能具有更大比例的研究者，这些研究者对重大的、基础的、公益的研究项目没有兴趣，更倾向于参与与产业相关的、问题导向的研究。

按照惯例，企业总是选择与科研水平较高的大学科学家、研究组织或实验室合作。朱克和沃达比（Zucker and Darby，2001）通过对德国生物工艺学行业与大学科学家合作情况的调查研究发现，这些企业总是倾向于与那些明星科学家合作。Furukawa 和 Goto（2006）认为，明星科学家是与药品业和电子业企业创新活动关联最大的学者。然而，近年来的研究证明，企业选择合作对象更具理性，并不一定要选择水平更高的。这与企业的性质、知识基础相关。Yasunori 等（2009）通过对日本光催化企业的分析，认为在先进材料领域，最有效的合作对象不是明星科学家，即学术排名最高的科学家，而是类似于巴斯德这样的科学家。

（三）大学技术转移行为的作用

大学和企业合作对企业创新活动的影响已经被很多人论述过。大多数人都持有对企业产生积极影响的观点。在这方面，学者的观点较为一致，因为企业的性质与大学不同。大学组织具有二重性，既开展公益性质的基础研究，又会将应用研究及技术开发成果进行转移以获取经济收益。这样一来，大学和企业合作就会给大学带来矛盾，即如何在两者之间进行取舍，如何在两者之间寻求合适的平衡。企业主要是以获取经济利益为目标，合作收益只要能大于合作成本即可。国外学者对大学技术转移行为对大学影响的研究时间比较早，文献较多，但争议比较大，呈现出两种截然相反的观点。当然，既有从经验方面进行分析的研究，也有学者根据相关数据进行的实证研究。

1. 经验研究方面

第一种观点认为，合作研究对大学及其内部的科学家有益，作者根据自身经验来分析大学技术转让以及商业化行为对大学发表出版物行为的影响。史蒂芬等（Stephan et al.，2007）认为，两者之间的关系为正，主要来自两方面的原因：首先，学习因素，与企业合作为科学家提供了学习机会，这促使科学家提高研究产出；其次，与企业合作为大学提供了收入，能使大学改善实验室水平，为将来更好的科研打下基础。反向关系方面，Fairweather（1989）认为，大学参与技术转移的行为会腐蚀大学的学术研究，迫使科学家来适应竞争激烈的市场，从而使大学更加功利化。埃利萨（Elisa，2009）与他持有相同的观点，他认为，日益增多的朝向商业化的行为可能会对大学更加基础的研究成果产生消极影响。也认为大学和产业的合作网络对大学的影响因为成本和时间的问题可能是消极的。

2. 实证研究方面

这一类研究主要采用定量研究，以专利等指标来反映大学的技术转移行为，而以大学及科学家的出版物发表情况来反映大学的学术研究行为，利用计量经济学方法讨论大学专利和出版物之间的"互补"或"替代"关系。德克（Dirk，2009）发现，大学内非营利组织的专利对出版物的质量和数量是有益补充，而大学科研团队专利对出版物的数量和质量产生负面影响。阿格拉沃尔和亨德森（Agrawal and Henderson，2002）、卡洛斯（Carlos，2004）、戈德法布等（Goldfarb et al.，2006）、Fabrizio 和 DiMinin（2006）等通过对不同学科的研究，也发现专利申请情况和出版物之间是相互补充、相互促进的，而不是相互替代的。

当然，还有第三种观点，这种观点认为，大学和产业合作是一把"双刃剑"，如果能利用好，会对大学产生积极的影响；如果处理不当，那么对大学来说就是无用甚至是有危害的。埃利萨（2009）通过对文献的分析，认为大学与产业合作对大学来说意味着一个机会成本问题，这种机会成本影响着大学研究者，并且间接地影响整个经济系统。笔者认为，从政策制定者视角来讲，应当培育大学和产业合作，促使其在知识溢出中具有更高的潜力。

（四）国外学者主要采用的方法论

研究大学技术转移的范式主要有创新系统、创新网络、产业集群及知识溢出、三重螺旋及"模式2"等范式，这些范式都强调了创新的交互性，认为创新是多个主体共同参与、相互交互完成的，大学和企业及它们合作的关系都是其中的重要组成部分，但是，其研究对象和研究侧重点不尽相同。

创新系统的相关文献包括国家创新系统（NIS）、部门或产业创新系统（SIS）、区域创新系统（RIS），这些文献主要研究系统的刻画、构成、演化、测度及相关的制度体系。采用这种方法论的文献研究侧重点也都放在企业或产业身上，较少从大学角度进行研究。

采用创新网络的方法研究大学技术转移的文献较多（Stefan and Pamela，2009）。创新网络范式主要关注是创新过程中特定合作者之间的相互合作关系，研究的重点是参与合作的动机、合作网络的结构以及信任与社会资本在网络中发挥的作用。采用网络方法研究的对象多是个人，即大学个体科学家和企业的个体研究者。

集群及知识溢出的文献多数强调空间或地理的集聚性。研究大学技术转移的文献则主要研究产业在空间上接近大学是否能够吸收到大学溢出的知识（Siegel，2003；Ajay and Iain，2003）。研究显示，坐落在大学周围的企业比那些没有坐落在大学周围的企业生产力更高，地理接近性有助于企业吸收大学溢出的知识。采用集群及知识溢出方法的研究多数从宏观角度出发，分析特定范围下的大学对所在区域的知识溢出，但很少有文献深入学校内部进行考虑。

三重螺旋范式强调政府、产业、大学的三者交互作用，代表性的文献有伊茨科威茨和莱德斯多夫（Etzkowitz and Leydesdorff，1998）、Annamária（2004）、马奎斯等（Marques et al.，2006）。该范式主要利用三重螺旋模型研究政府、产业、大学之间的关系的进化，解释如何促进经济发展，并分析三者之间的交互作用对区域经济发展的影响。以该范式为基础进行研究的文献多是以案例研究和规范研究为主，利用三重螺旋模型来解释现实中的一些现象，也是以宏观主体为主要研究对象，还缺乏实证方面的有力支持。

另外，还有一些范式，例如"模式2"、学术资本主义、知识HUB等，也从不同角度利用不同方法研究了大学和企业之间的相互关系。由于文献相对较少，这里不再赘述。

总之，对比上述几种研究范式，从侧重的主体来看，创新系统和知识溢出范式的研究侧重点是企业，而创新网络和三重螺旋则对各方都有侧重，具体研究内容视需要而定。从研究对象的层次来看，创新系统、三重螺旋和知识溢出的研究重点是宏观层面的大学或企业整体，而创新网络的研究重点是大学和企业内部的个体研究者。从利用范式进行研究的目的来看，都是研究如何加强大学和企业合作，提高企业创新能力和区域科技实力。从研究方法来看，利用创新系统、创新网络和知识溢出范式进行分析的文献，既有案例研究和规范研究，又有基于经济或管理方法的实证研究，而利用三重螺旋进行研究的文献多以案例研究或规范研究为主，尚缺乏实证数据支持。

综上所述，我们认为，目前的研究尚需在以下三个方面进一步加强：首先，如何选取特定的研究方法论，从大学中观层面（大学内的学科、研究机构）着手，研究大学技术转移行为对大学创新能力的影响。其次，已有研究主要是从静态角度考虑主体的参与动力、组织文化、科研范式、利益分配等方面的冲突对合作创新模式选择的影响，很少有文献将技术转移过程选择视为双方根据自身需求动态博弈的过程。最后，虽然不少学者对大学技术转移机制进行了分类概括，但是，较少学者能够系统地分析不同类别的技术转移机制的特征、作用、适用范围及管理机制等。

第三节　高校知识创新绩效

国外学者主要侧重测度和分析高等教育的综合效率，即对高校的三大功能（人才培养、科学研究和社会服务）效率进行全面的评价和考察，主要从高校角度和院系、学科角度来进行研究。

国外学者从高校个体角度研究人才培养和科学研究综合效率的文献比较多。阿伯特（Abbott）运用数据包络分析（DEA）方法对澳大利亚 36 所大学技术效率和规模效率进行了测算，研究结果表明，这 36 所大学的整体运行效率良好。Avkiran 从科学研究和人才培养两方面选取指标，运用 DEA 方法对澳大利亚 36 所大学的相对效率进行了研究，研究结果发现，这些大学的技术效率和规模效率运行良好，有部分大学正处于规模报酬递减阶段，因此需要减小规模。琼斯运用 DEA 方法对英国 100 多所大学 2000—2001 年的技术效率和规模效率进行了研究，发现这些大学总体上运行效率均较高。沃辛顿（Worthington）选取人才培养数量、国家拨款、企业拨款、论文发表数量及专著数量作为产出指标，以教学人员数量、非生产性费用和入学人数作为投入指标，运用马尔奎斯特（Malmquist）指数方法从人才培养和科学研究两个方面，对澳大利亚36所大学的生产效率进行了研究，研究结果表明，35所大学的年均生产率增长3.3%，并且主要是由技术进步引起的。布鲁（Breu）运用DEA方法对25所大学的效率进行了研究，发现声誉高的大学不一定具有高效率。约翰·F.瑞安（John F. Ryan）运用最小二乘法建立多元线性回归模型，实证分析了学生毕业率与学生入学成绩、年龄、性别、教学经费支出、科研经费支出等自变量之间的关系，研究发现，学生毕业率与教学经费支出和学生科研经费支出呈正相关关系。古斯塔沃（Gustavo）运用计量经济学方法研究了14个国家的高等教育投入产出情况，并分析了影响这些国家高校科研效率的决定因素，文章还分析了高等教育研发投资与收益的时间延迟情况，文章最后分析了跨国度的知识溢出效应。R.蒂莫西（Timothy）研究了大学向其他部门（如产业）进行技术转移的过程，并运用DEA方法评估大学和产业之间技术转移的效率，研究发现，许多大学的技术转移活动效率很高，而且具有医学院的大学比没有的更有效率。琼斯选择科研人员、研究生数量以及各种资源为投入变量，以科研的影响和能力为产出变量，用数据包络分析方法测度了2003—2004年中国109所大学的相对效率情况，研究发现，这些大学的技术有效率超过90%，综合性大学以及沿海发达地区的平均科研效率更高。Pekka Korhonen首先运用一系列标准来综合考虑所选指标的数量和质量，然后运用DEA方法结合决策者的偏好对大学和科研机构的科研绩效情况进行了分析。

　　部分国外学者从院系、学科角度对高校效率进行了研究。Chiang Kao运用DEA方法对某大学的41个学科部门的效率情况进行了评价，发现工程学院的综合效率最高，而分布在6个学院的13个学科效率最低，并提出了改进建议。Cherchye对荷兰所有大学的经济与商业管理学院的生产效率进行了研究。Moreno对美国公立大学的42个学科效率情况进行了评价，研究发现，22个学科运行相对有效，20 个学科相对无效，并提出了改进建议。Hilil Dundar 为了确定最有效率水平和不同学科产出的交叉情况，用多产出成本函数来评估学科的教学和科研产出，文章运用产出成本函数分析了 18 所大学的 3 个学科领域（包括社会学科、物理学科和工程学科）的产出情况，评估了这些学科的范围经济和规模经济情况。Ying Chu 运用面板数据研究了中国大学社会学学科的科研绩效，研究发现，中国大学社会学学科的总体效率很低，并且没有区域差异。引起大学技术效率变化的主要原因是纯技术效率，通过马尔奎斯特指数的分解发现，尽管存在技术进步，但是，较低的规模效率和技术效率仍然导致了这些大学平均效率的降低。Kam C. Chan 研究了 20 世纪 90 年代亚太地区 97 所大学金融学科的科研效率，数据来自 17 种金融期刊，研究发现，效率最高的 5 所大学是香港科技大学、新加坡国立大学、香港城市大学、香港中文大学和新南威尔士大学。学校历史和传统与科研生产能力无关，而激励措施和重视科研的程度对科研生产率有重要影响。最后，与一些北美大学的金融学科进行了比较，发现亚太地区的大学在 1995—1999 年表现得更有效率。琼斯对英国大学经济学专业的 2547 名毕业生进行了调查和分析，评估了人才培养效率，他首先以大学机构整体为对象，用 DEA 方法对人才培养效率进行分析，研究发现，这样计算出来的效率包括大学和大学生本人两部分的效率，因此是错误的。接着，以大学生个体为研究对象，重新进行了测算，并对结果进行了分析。琼斯运用数据包络分析方法调查了英国大学经济学学科科研的技术效率，并研究了来自外部的研发资助对大学学科科研过程的作用。

国内学者从区域角度、高校个体角度和院系、学科、实验室角度对高校投入产出效率做了大量的实证研究，得出了许多有益的结论和政策建议。从研究方法来看，国内学者大多数采用 DEA 方法，这是因为，DEA 方法非常适合高校这种具有多投入和多产出的研究对象，而且 DEA 方法还可以不用考虑研究对象的中间生产过程，这也是 DEA 方法在高校效率研究中比较盛行的原因。从研究过程来看，国内大多数学者所测度的都是大学科研方面投入产出的效率问题，很少有对高校综合效率方面的评价。从研究结果来看，国内学者研究结果多数是某年高校投入产出的相对效率水平，有关跨年度生产率变化情况的研究还未见到。

国外学者主要从高校个体和院系、学科角度进行了大量的研究。从研究方法来看，国外学者主要采用 DEA 方法，也有部分学者采用随机前沿生产函数方法（SFA）。从研究过程来看，国外学者研究的多是大学的综合效率（包括人才培养、科学研究和社会服务）。从研究结果来看，多数学者研究了某年大学投入产出的相对效率水平，也有少数学者研究了跨年度的大学生产率水平变化情况。

总的来说，国内外学者主要是采用 DEA 方法研究大学的相对效率水平，只有少数国外学者对大学生产率水平的变化进行了研究。

国内学者对于高校研发效率方面的研究则是比较深入，查阅相关文献，发现有关研究主要集中于以下几个方面：

第一，从省份角度对各省份高校的科技投入产出效率进行评价和对比研究，并均在结论处给予相应的政策建议。比如，苗玉凤等运用 DEA 方法对 2001—2003 年我国 7 个地区共 53 所重点高校的技术效率、纯技术效率和规模效率进行了定量分析，并从地域角度对高校效率进行比较研究。结果表明，同一地域的高校效率存在波动，不同地域的高校效率也存在彼此差异。并且得出纯技术效率对高校效率的影响最大的结论。最后提出了对高校的拨款机制要与高校效率评价相结合、高校规模经济效益要适度发展、不断提高高校生产技术和管理水平三方面的建议。张海燕等对 2002—2005 年的我国各省份高校科技创新活动进行了聚类分析，并用 DEA 方法对这一时期我国各省份高校科技创新活动过程中经费支出和人员投入效率问题进行了比较研究，研究发现，24 个地区 DEA 有效，6 个地区非DEA 有效。她认为，应该加强非 DEA 有效地区科技经费的投入力度和监管力度。孙世敏等用 DEA 方法评价了我国 29 个省份的高校科研投入产出效率，得到了各地区高校科研投入产出的效率状况，以及各地区高校科研投入产出非 DEA 有效的产出不足量和投入冗余量，并据此得出我国西部地区的高校科研投入产出效率相对较低且大多数处于规模效率递增阶段的结论，因而加大对西部地区高校科研资源的投入规模和提高投入资源较多地区的科研产出是当前各地区政府高校科研管理部门应着力解决的问题。

第二，从高校个体角度对高校的科技投入产出效率进行研究。田东平等应用 DEA 方法对我国 75 所重点高校的技术效率、纯技术效率和规模效率进行了分析，研究发现，虽然少数高校的运行效率不理想，但是，整体上看，这些重点高校科研效率良好，并从改善拨款机制和提高科研规模效率两方面提出了建议。陆根书等运用 DEA 方法对教育部直属的 53 所高校的科研投入产出效率进行了分析评价，并提出了提高高校科研效率要以扩大规模为主、改善科研生产力及其管理水平为辅的建议。赵书新、郑林昌利用 DEA 方法，选取北京市 13 所重点高校为研究样本，对这 13 所高校科技投入产出效率进行评价，研究表明，北京市高校科技投入产出效率总体表现良好，但也有个别高校在科技投入产出方面还存在需要改进之处。韩海彬、李全生选取教育部直属的 16 所高校为样本，运用层次分析法和 DEA 方法相结合的方法，对这 16 所高校的投入产出效率进行了综合评价和对比分析。田水承、孟凡静根据 DEA 原理，分析了高校投入产出主要内容，在此基础之上，又构建了高校投入产出效率评价的指标体系，提出了对该指标体系进行优化的方法和原则，并选取二类本科院校为例，进行投入产出效率评价，发现分析结果与所选院校的实际情况基本符合，从而验证了所选指标体系的正确性。梁权森运用 DEA 方法，从人力、物力和财力等方面着手选取投入指标，从人才培养数量、学校声誉和科学研究选取产出指标角度，对 28 所教育部直属的研究型大学进行了教学和科研两方面的综合评价，并对评价的结果进行了分析。侯光明运用 DEA 方法，通过选取"985"重点建设的 9 所重点大学的投入产出指标数据进行分析，研究表明，这些重点大学建设的投入产出已经基本达到了最优。成刚使用面板数据随机边界法分析2002—2005年我国教育部直属高校的成本效率，研究发现，高校的整体成本效率值为0.59，比理论最小成本多支出41%的成本。在深入分析影响效率因素后发现，显著影响高校的成本效率的因素主要有学校类型、办学地点、教师职称结构、办学条件占地面积以及本科生和研究生数量等。

第三，还有部分学者从高校院系、学科、实验室角度评价科研效率问题。比如，汤明新、孙庆文等采用DEA方法的超效率研究模型，对某大学71个临床医学DEA有效的重点学科进行超效率分析，从中评价出更加有效的学科；同时运用多元回归分析法，还找出了影响临床医学重点学科有效性的影响因素。并根据这些研究结果，提出了相应的改进措施政策。比如，适当控制规模、强化科研投入与成果转化、加强高学历医师培养、提高专用设备使用效率等。范群铭、孙庆文等运用DEA方法，又对该所大学的71个临床医学重点学科近五年的发展情况进行了进一步的分组分析。在研究中开展了规模报酬的比较分析和压缩量分析。结果显示，研究期内，总体平均效率均小于1，各年度有效的临床医学重点学科分别占总数的50.15%—64.79%。并针对这种情况提出了相应的建议。郭新立运用DEA方法对某高校9个重点学科建立技术有效性评价模型，通过对同学科多所院校的投入产出数据对比分析，得出了相应技术有效性与否的结论。研究表明，该模型不仅能评价学科的办学效益水平，而且能对非技术有效的学科提出改进依据。张大伟等应用DEA方法对某所大学13个工科学院的相对有效性进行评价，研究表明，在这13个工科学院中，有超过半数的学院规模效率非有效，5个学院的规模收益处于最佳时期。另外有4个学院规模收益递减，认为这4个学院应该通过扩大规模、重新进行资源配置等方法来提高科研效率。王友强等运用DEA方法对"985"高校管理学科投入产出效率的评价进行了分析研究，并通过研究结果，提出了非DEA有效的"985"高校管理学科相应的改进建议。贾文生、王红蕾等在对贵州省部分省级重点学科智力资本运作效率的研究过程中，构建了基于智力资本的学科建设效率投入产出指标体系，并利用主成分分析（PCA）和 DEA 方法相结合的方法建立综合评价模型，对其进行智力资本运作效率的评价，通过研究，找到了投入产出绩效达到相对最优的学科。孙金海运用 DEA 方法，对 71 所临床医学学科分别做出了总体以及分组的各种效率研究，包括综合效率、纯技术效率、规模效率等，分析了发展趋势和影响因素，并提出了相应的改进建议和对策。

总体来说，国外对于大学与产业之间知识转移方式及其研发效率的研究相对比较成熟，涉及的研究范围比较广泛。但是，无论是国外还是国内，对于学科与产业之间的这种联系与学科自身的研发效率的影响的研究还比较少见。同时，由于国家发展状况、相关政策环境、学校和产业发展情况的不同等因素的影响，国外的知识转移方式不一定适合于我国和河北省，而要根据河北省的具体情况进行进一步分析。

第三章　高校学科"亚组织"的内涵与特征

学科是实现高校人才培养、科学研究、社会服务和文化传承的功能载体，也应是高校的基本管理单元（胡宝民，2007）。学科建设成效决定着高校发展水平。目前，我国政府主管部门、高校以及学科自身对学科建设非常重视，采取各种各样的手段和对策加强学科建设，并取得了显著的成效。然而，目前学科建设也存在诸多问题，如学科创新活动分散、创新规模较小、创新成果水平较低等，特别是学科建设的"组织效应"不高，严重制约着学科的发展。究其原因，很大程度上是因为人们对学科的组织特征认识不清楚，很多人将学科视为学校内的一个非正式组织来看待，当学科评估或申报各种奖励时从各个正式组织中挑选优秀创新人才组成名义上的学科组织，而平时这些学科内的创新人才的编制则分别隶属于不同的正式组织，如教研室、系等，很多学科"名存实亡"。这也导致学科制度建设难以发挥有效的激励约束作用，学科建设效果不甚明显。当然，也有许多学者在研究学科时，将学科视为一个组织（如胡宝民，2007；庞青山，2005；刘宝存，2006；邹晓东，2004；宣勇，2007；等），研究学科组织的特征、生成机制和运行管理机制，或者进行国内外学科组织的对比分析。但是，学科是不是一个正式组织，或目前的学科是否具备成为一个正式组织的各种条件，在这些研究中往往被忽视掉。

为此，本章在分析学科成长和演化过程的基础上，通过区分学科与正式组组织和非正式组织的区别，提出学科"亚组织"的概念，并对其目标、构成要素、结构和功能等进行界定。

第一节　高校学科演化过程与特征

一　学科构成单元

根据本课题组已有研究（胡宝民，2007；魏进平，2008；刘艳华，2009）和学科建设经验，本书认为，科技创新元是构成学科的基本功能单元和管理单位。

科技创新元是承担高校科技创新活动的基本学术单元，它是以纵向或横向课题为纽带，以完成某个课题为目标而形成的相互联系、相互协作的由个体组成的学术群体。科技创新元是高校承担科技创新活动的最基本的单元，虽然它以项目课题组为纽带，具有一次性的特点，但其核心成员并不随着项目课题的完成而解散，而是具有路径依赖的特点，一旦进入某个研究领域、某个科研课题，其核心成员会沿着该研究方向结合成较为稳定的学术团体，继续在该研究领域内从事相关的课题研究，并且在长期合作、协助和支持的基础上逐步形成较为稳定的研究方向。因此，科技创新元具备持续性、稳定性、路径依赖性等特点。

由上文可知，科技创新元的最基本形式表现为项目课题组，科技创新元发展到一定阶段便显示为科研团队。然而，这三者之间既有区别又有联系，三者之间存在一定的差异，科技创新元是处于项目课题组和科研团队之间的一种组织形态。

从高校的科技创新元、项目课题组与科研团队的内涵来看，项目课题组是为了完成某个特定的科研课题而临时从各个部门抽调出与课题相关的研究人员，从事该课题的研究攻关，课题完成后，课题组成员随之解散，并不具备自己独有的研究平台，而是临时借用其他组织的研究基础设施。项目课题组具有临时性、一次性等特点，具有固定的生命周期。

团队是指人们为了共同的价值或目标而形成的相互联系、相互合作、相互扶助的群体，高校科研团队是指高校专业人员（或教师）为了追求和实现共同的学术价值或学术目标而形成的相互联系、相互合作、相互扶助的学术群体。它主要包括研究方向、研究项目、研究平台、专业人员（或教师）、信息资源和制度文化等结构要素（赵正洲等，2007）。

科技创新元是以纵向或横向课题为纽带，以完成某个课题为目标而形成的相互联系、相互协作的由个体组成的学术群体。科技创新元的学术目的是完成项目课题，但是，相对于项目课题组，它具有持续的生命力，科技创新元并不随项目课题结束而消亡，而是继续从事该领域内其他课题的研究，并会以课题为纽带，持续地、逐步地发展壮大下去。相对于某个稳定的科研团队，科技创新元的目的是完成特定的科研课题，不同的发展阶段具有不同的特征，在各个阶段并不一定具备自有的科研平台，而科研团队则不一定要以完成某个课题而集结在一起（它存在的纽带可能是组成成员的共同兴趣爱好、共同的知识基础），同时，科研团队具有自身固定的科研平台和制度文化，而科技创新元则未必。

从生命周期来看，随着课题的完成，课题组成员随之解散，虽然成员之间积累了一定的合作经验和合作关系，但这种关系能否延续下去，尚是个未知数。一般的科研课题组，当科研项目完成之后，工作小组成员彼此之间一般就不再联系了。另外，课题的物质基础以及课题经费也会随之分散，课题研究经费以及可能取得的收入按照一定的比例分配给课题研究人员，或用作他用或继续从事该方面的研究，未必能形成合力。同样，研究的物质基础和研究平台也难以持续地发挥在该研究领域的作用。科技创新元的生命周期则并不随着课题的完成而结束，课题研究的带头人及核心研究人员及其合作关系依然存在，并且能继续从事该领域内的课题研究，具备延续性。同样，科技创新元从事课题研究，也可集中发挥科研经费和科研平台的作用，不至于出现科技创新资源分散的状况。科研团队是科技创新元发展的高级阶段，它的人员组成、科研平台、制度文化都已较为稳定。

从研究内容来看，课题组的研究领域和方向具有随机性、短暂性和间断性等特点，课题组根据上级指派、市场需求、技术需求或者个人爱好组建而成，并无特定的研究范式和研究领域，难以形成稳定的研究领域，随着任务的完成，在该领域所取得的研究成果可能会随着课题结束而难以持续下去，形不成连续的知识领域。科技创新元所承担的研究课题则具备可持续性，一旦进入到某个领域的研究，按照路径依赖的原理，课题研究人员就会一直在该领域从事科学研究活动。同时，类似于蚂蚁觅食过程，科技创新元在承担科研项目的同时会挥发出类似于蚂蚁的信息素等物质，向外界传递与课题相关的研究信息，其他课题组或研究人员则根据该信息来判断该课题的先进性和合理性，对照自身的研究行为，并决定是否进入该领域的研究。科研团队成员的知识组成则较为复杂，既有以共同知识为纽带结合起来的统一学科门类下的科研团队，也有以交叉、互补知识为基础结合起来、属于不同学科门类的交叉团队。

二　学科形成机制

一般来说，学科组织的形成与发展基本上是通过两条路径来实现的：第一，行政干预途径。为满足学校发展战略的需求或经济社会发展对学科知识、技术和人才需求的需要，学校通过引进人才或从已有学科中抽调人才，按照国家学科目录中对学科的划分，组成某一特定学科，并为学科提供相应的基础设施，制定相应的规章制度。通过这些手段，短时间内可以催生成新的学科。第二，自我演化途径。这是指在外部环境的影响及内在机制的驱动下，组织内的主体之间通过相互作用，使组织结构和运行模式不断地自我完善，从而提高其对环境适应的能力。对于学科来讲，指的是在外部科技、经济环境的影响以及学科自我发展需求的驱动下，学科内的学术人员不断地优化彼此之间的关系，合理配置学科资源，完善学科运行模式的过程。

对比两种生成和演化途径，我们认为，经过自组织演化形成的学科系统更为完善，在演化过程中，学科内的主体之间不断地进行磨合、冲突，人力、信息、资源、平台条件都能充分地为学科发展提供支持和土壤，各种不利于学科发展的因素都会在演化过程中被消除或淘汰掉。在组织形成的学科中，人与人之间的关系、协作形式、组织文化、管理制度都会对学科的发展产生一定的抵触，需要较长的时间进行磨合。因此，这种条件下形成的学科相对不太稳定，有时候甚至会导致学科刚成立不久就因为各种内部因素而消亡。

从笔者搜索的文献来看，国内外学者从组织角度研究学科生成和演化的文献很少。主要有两种观点：

第一种观点认为，学科组织生成基因在知识增长的内在逻辑、学者共同的学术爱好、学科带头人的基核作用等内部力量和社会需求、政府支持、学校规划、良好的学科生态环境等外部力量的共同作用下，通过自然演变、内部裂变、外部催生、主动播种等方式，生成了学科组织，同时学科组织必须满足以下五条：一是确立以特定知识领域为研究范畴的组织目标；二是其存在的合法性获得校方认可；三是具备学科组织专属的人力、财力、物力；四是形成以学科带头人负责、按照学科研究方向分工协作的组织结构；五是具有一定的知识产出（黄一岚，2007）。学科生成的逻辑模型大致如图 3-1 所示。

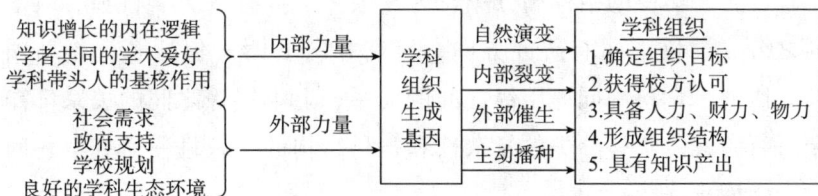

图 3-1　学科组织生成的逻辑模型

第二种观点认为，科技创新元是构成学科的基本功能单元和管理单位（胡宝民，2007；魏进平，2008；刘艳华，2009）。

　　科技创新元之间通过集聚机制形成学科研究方向—学科研究方向通过集成机制形成学科（或二级学科）—学科群（或一级学科）通过共生机制形成学科群（或一级学科）。进一步地，认为科技创新元通过不断地与其他科技创新元及环境的互动实现持续发展，且有可能进一步分化或与其他科技创新元综合起来，逐渐形成一个或若干个稳定的研究方向，最终或自身形成学科，或与其他相关联的科技创新元形成学科。在此基础上，划分出若干条学科生成路径，分别是：（1）每个科技创新元形成一个稳定的研究方向，并与其他相关联的科技创新元形成学科；（2）一个科技创新元经过不断发展壮大，分化成两个稳定的研究方向，并与其他相关联的科技创新元形成学科；（3）一个科技创新元经过发展，形成若干研究方向，这些方向相互关联，最终形成学科；（4）一个科技创新元经过不断发展壮大，分化成两个稳定的研究方向，每个研究方向又分别与其他相关联的科技创新元形成不同的学科。

　　对比上述两种观点，可以看出，第一种观点主要是从宏观上将学科视为一个整体，描述和刻画学科生成的条件、动力以及方式等。第二种观点主要是从微观上深入到学科内部，分析学科内部的组织结构以及这种结构对学科生成和演化的影响。相比较而言，在持有第二种观点情况下，对学科生成和演化机制的研究工作更为复杂和困难，其原因是：

　　首先，学科的结构和分类较为复杂，学科有一级学科和二级学科之分，学科下面有研究方向，研究方向下面又包括若干创新团队，因此，学科中同等层级之间的关系、上下层级之间的关系都需要进行考虑。学科分类的复杂性和学科结构的层级性使研究学科问题异常困难。

　　其次，学科是一个多职能的组织，不同的职能要求不同的学科结构。学科具有公共组织（培养人才）、科技组织（科学研究）和经济组织（创造经济效益）的特征，这就决定了学科要根据不同的职能要求，设置不同的学科结构。因此，研究学科生成机制变得非常困难，而且在不同时间、空间、环境条件下，不同学科的生成机制不尽相同。

第二节 高校学科"亚组织"的内涵界定

通过对一些大型组织内部结构形态的深入考察，我们发现，在许多类型的组织中，除正式组织和非正式组织之外，还普遍存在一种介于正式组织与非正式组织之间，既不是正式组织结构体系固有的部分，又有别于非正式组织的"亚组织"。高校作为现代社会中一种具有独特社会功能的复杂组织，在其发展进程中不断涌现出的诸多组织形式。虽然我国高校中"亚组织"普遍存在，但其应有的特征和重要作用却尚未引起人们的足够重视。

一 基于不同视角的组织分类

人们对组织的系统化研究无不以组织分类为起点，而学者从不同视角来观察纷繁复杂的组织现象，至今给出的组织分类已达十余种之多。

马克斯·韦伯从组织权威特点的角度，根据传统权威、魅力型权威和合理合法权威三种权威类型，把官僚制组织划分为传统型组织、魅力型组织和合理合法型组织。现实中，最为普遍的官僚制组织，就是一种以理想化合理合法权威为基础的组织形式。爱桑尼则根据运用权力和权威的程度，把组织分为强制组织、功利组织和规范组织，其典型代表分别是军队、销售公司、教会组织。帕森斯根据组织的社会功能，将组织分为经济生产组织、政治目标组织、整合组织和模式维持组织。迈尔斯和斯诺认为，每种类型的组织都有自己的环境反应战略，而且每类组织的技术、结构和过程都会与其战略保持一致，因此，他们根据组织对环境的反应战略将组织分为防御型组织、被动反应型组织、分析型组织和开创型组织。

美国行为科学家埃尔顿·梅奥在"霍桑试验"基础上提出了人

际关系理论。该理论认为，企业中除存在古典组织理论研究为了实现企业目标而明确规定各成员相互关系和职责范围的正式组织外，还存在非正式组织。社会系统学派创始人切斯特·巴纳德对正式组织给出的基本定义是："协作体系是由两个以上的人为协作达到至少一个以上的目的，以特定的关系组成的，包括物的、生物的、人的、社会的构成要素复合体。"对非正式组织，切斯特·巴纳德定义为："非正式组织是不确定的和没有固定结构，没有确定的分支机构。可以把它看成是一种没有固定形态的、密度经常变化的集合体。"

由于以往学者从不同视角对组织进行分类都是针对正式组织展开的，而对客观存在的非正式组织几乎没有具体涉及，因此，20世纪70年代以后，正式组织与非正式组织的分类方式，对组织理论的发展产生了非常重要的影响。目前，学界对各种组织的考察研究基本形成了一种定式，即任何组织要么是正式组织，要么就是非正式组织。

在埃尔顿·梅奥人际关系理论和切斯特·巴纳德系统组织理论的基础上，许多学者对正式组织和非正式组织进行了大量研究，对其概念、内涵和作用等问题都提出了诸多见解。我们综合国内外学者对正式组织表述的要意，认为正式组织是指经管理者精心设计与规划，内部成员依据规章协作与沟通，在指挥链、职权与责任等方面具有严密结构体系的各种组织。正式组织不但有严格的构建程序，而且有区别于非正式组织的三个充分必要条件，即"协作意愿、共同目的和信息沟通"三个正式组织的构成要素。

现实中，如政府、企业、军队、学校等各类大型的正式组织，我们若从组织系统整体的角度来考察，无不包含横向的各分系统和纵向的各子系统。从组织结构部分的角度来看，无论是某一分系统还是某个子系统，它都是组织整体中不可分割的一部分。在各类大型正式组织的结构中，各分系统都会有若干层级与之配套的子系统，以确保该分系统能够有效运转。其中，某层次的一个工作部门作为组织整体的一部分，不但分属于某一分系统，而且都能在这个分系统中找到自己作为其子系统的特定位置，少了任何一个部分都会导致整体功能残缺不全而直接影响组织目标的实现，比如，企业中的销售、生产、研发等部门或事业部，大学中的各职能部门、学院和系、实验室等。

根据非正式组织的定义，非正式组织是正式组织中通过兴趣、性格、地位、利益、观点认识以及地缘、学缘等因素联结起来的一些人际关系群体，没有正规、稳定的结构形式和职位，并非遵循法定程序而形成，少有明确的团体目标。

分析我国高校的学科，尤其是地方高校的学科，我们发现，学科在特定方面有别于正式组织和非正式组织。首先，学科不是非正式组织，并非是靠着人际关系结合起来的群体，并且大部分学科有着完备的学科建设方案、程序、规划、目标和制度等。其次，我国大部分学科也与正式组织有所区别，在分工协作、人员编制、决策方式、行政权威、信息交流、管理机制以及制度建设等方面存在一定的距离。因此，对于我国的学科，我们称之为介于非正式组织和正式组织之间的学科"亚组织"。

二　高校学科"亚组织"的内涵

（一）学科的内涵

从词源学上看，不同的语言文化环境中有不同的词语对应中文的"学科"一词，拉丁文、德文、法文、英文中"学科"对应的词分别是 disciplina、disiziplin、discipline 和 discipline。

在上千年的历史演进过程中，在学科门类划分越来越细的同时，由于时代与地域的不同，人们为学科赋予了多种多样的理解。而且，在不同的领域内，人们对它有不同的定义。有的根据现实的方法给它下定义，有的按照建构的模型给它下定义，有的依据研究的对象给它下定义等。德国学者赫克豪森运用经验和事实分析方法来考察学科，认为它是对同类问题所进行的专门的科学研究，以便实现知识的新旧更替、知识的一体化以及理论的系统化与再系统化。

法国学者布瓦索（M. Boisot）运用结构和形式分析的方法来考察学科，认为它是一个结构，是一个由可观察或已形式化并且受方法和程序制约的客体与作为客体间相互作用具体化的现象以及按照一组原理表述或阐释并预测现象作用方式的定律三种成分组合成的集合体。美国学者伯顿·克拉克认为，知识是指人们在社会实践中积累起来的经验，这些基于经验的知识是浅显的，或并未完全脱离感性的、原生态的，是微观的，以普泛的、散态的形态存在的。因此，任何一门学科在其未成"学"（科）之前，总是支离破碎、不成系统的，总是感性认识或部分理性知识的杂合。一旦成为"学"（科），它就是一个由不同的但却相互延伸并连接在一起的、具有内在逻辑关系的各个知识单元和理论模块组成的知识系统。曼弗雷德（2005）认为，学科指的是单一的学科，代表一个孤立的、专门化的研究领域，实际上，一个人可以只学习生物学，而且应用得非常好，而不需要物理学或心理学的知识。他认为，这些学科在逻辑上是水平平行的，而不是垂直的。安德鲁等（1995）认为，学科的概念比较模糊并且难以定义，因为它总是与它所在的语境有关，学科是由学术机构的相关部门组成，但是，并不是每个部门都代表了一个学科。从这里可以看出，他们认为，学科更主要的是一个学术组织。贝克和科根（1980）认为，定义学科的一个重要途径是从学术部门的结构框架或组织结构着手。有的学者认为，学科的概念会随着历史和地理的变化而变化，如贝克（1989）认为，随着时间的推移，知识领域的动态变化会对学科的主体和文化特征产生影响。而托尔明（1992）则持相反的观点，他认为，虽然学科易于受时间的变化的影响，但每个学科都有一个可辨认的连贯性，这种连贯性并不随时间的推移而改变，因此，学科的本质不会发生变化。

还有的学者从构成论的角度来分析学科，比如，金和布罗内尔（1996）认为，要想定义一个学科，必须确定学科的许多不同方面的因素。这些因素包括一个团体、一系列沟通交流网络、一个传统、一系列特有的价值和信念、一个研究领域、一种探究模式以及一个概念结构。有的学者（Toulmin，1992）认为，学科除包含自身的概念之外，还要包括一些基本目标。有的学者（Whitley，1984）认为，学科就是由一群有组织的学术群体组成。这些学者从理论思索和有组织的社会群体两个方面着手，分析了学科构成，也就是从知识和组织两个形态着手来分析。卡梅伦（1991）认为，一个学科的出现必须要以该学科独特的知识体系的发展为前提。他认为，应有三个组成部分支撑着学科的知识体系，只有这三个部分出现了，才能代表一个学科的形成。这三个部分是：（1）一个显性的哲学体系；（2）至少有一个概念框架或视角来分析什么问题属于该学科，什么问题不属于该学科；（3）一个可接受的、用于补充和发展该学科知识体系的方法论。这三个部分对于学科的出现都是必要的，并且是交互作用的。

国内学者对学科概念和内涵的考证更为详细和系统，参考《新牛津英汉词典》《辞海》《教育大辞典》《现代汉语词典》《新华词典》等工具书，综合研究现状，从不同的角度对于各种学科定义流派进行了分类，并提出了自己的独特见解。如宣勇（2006）将研究流派分为教学科目书说、创新活动说、知识门类说、科学分支说和双重形态说五类；翟亚军（2007）认为，不同的人、不同的情境、不同的视角有不同的定义和标准，每一定义和标准背后都隐含着特定的哲学假设和价值取向。他将对学科定义的流派分为知识说、组织说和规训说，其中，知识说又分为教学科目说、学问（学术）分支说和科学分支说；王梅（2006）认为，国内外学者定义学科的概念主要从学科与科学知识的关系、学科与知识的联系、学科与教学的关系、学科与组织的联系以及学科与规训制度的联系来定义。总体来讲，国内关于学科概念和内涵的归纳和总结较为全面，大致有以下四种说法。

（1）教学科目的分支。这种解释主要来源于各种工具书。《辞海》对学科的解释，学科就是"教学科目的"的简称，亦即"科目"。

（2）科学的分支。学科首先是科学，这是科学分支说的立论基点。"学科是科学知识领域内的一个组成部分","任何一门学科在其未成'学'(科)之前,总是支离破碎、不成系统的,总是感性认识或部分理性知识的杂合,一旦成为'学'(科),它就是一个由不同的但却相互延伸并连接在一起的、具有内在逻辑关系的各个知识单元和理论模块组成的知识系统。"

(3)学问(或知识)的分支。这种说法认为,学科和科学不同,学科是知识的分类,但是并不是所有的知识都是科学。"学科的知识范围较广,它不一定都是科学……学科中有科学的学科,也有非科学的学科,例如宗教。"

(4)是一种组织形态。日本学者欢喜隆司(1990)认为,学科是教学的一种组织形态,这是从教学角度来讲的。"学科是由一群学者以及学者依赖于一定物质基础围绕知识创造、传递、融合与应用的活动所组成的组织系统,是一个实在存在的具有组织形态的学术实体。""中心是学科和事业单位的交叉,使大学教师隶属于两种完全不同形式的组织,并把他们置于双重权力之下。很大的权威坐落在系科或工作层次,在这里教师既代表他们的学科领域,又为特定的高等院校工作。"有的学者认为,学科的组织形态是大学结构的基础,是学科而不是单位把学者还组织在一起。更有学者明确指出:"学科是大学教学、科研和社会服务工作的基本组织单元,是包含行为规范、价值观、信息、物质技术基础和人才的组织。"

除上述的几种观点外,有的学者将学科的几种属性结合起来,提出了知识的双重形态说。宣勇(2002)在提出学科是一种学术组织的基础上,进一步提出,学科具有不同形态的存在方式,从形态上将学科区分为知识形态的学科和组织形态的学科。学科在知识形态上的存在是"形而上"的,是关于知识或教学科目的分类;在组织形态上的存在是"形而下"的,语义上即指大学的基层学术组织是大学组织的细胞。进一步地,他又在2007年提出,存在"作为知识分类体系的学科"和"作为知识劳动组织的学科"两种学科形态，"无论是从历史的角度，还是基于实践的考虑，两种语义的学科内涵都是共存的，企图通过一种语义去分辨或释义学科，只会带来更多的混淆"。

宣勇的这种观点与国外一些学者的观点不谋而合，如普赖斯（1990）、希恩（1992）都认为，学科应该包括认知上的学科和作为社会体系的学科，两者之间不应截然分开，而是相互依赖的。在国内，宣勇的这种观点得到了部分学者的认同，有的学者根据宣勇的理解，进一步提出，把学科分为理论形态的学科和实体形态的学科。

通过对学科概念和内涵的分析，我们可以看出，学科是一个历史的范畴，是一个发展的动态的概念。"不存在超越历史时空的具有普适性的学科定义，学科更多地表现为几种内涵的共通和融合。"学科的概念和内涵也会随着时间、空间的更替而表现出多样性，我们只能在特定的时空环境下，根据自身需求来为学科界定。

我们更倾向于我国学者宣勇的观点，认为学科存在组织和知识两个维度。在本书中，学科指的是一种客观存在的一种组织形态，是一种社会实体，是高校中普遍存在的由科技创新人员、科技创新资源以及科技创新制度构成的特殊的实体或机构。

（二）组织的内涵

在中文中，组织是一个多义词，有名词和动词之分。要全面把握组织的含义，必须把组织含义的动态与静态两个方面结合起来。正如亨利·西斯克在《工业管理与组织》中提到的："组织这个词有两个不同的意义，其中之一涉及作为实体本身的组织，另一个涉及作为一个过程的组织。"

作为名词的组织属于社会实体形态，指的是在统一的管理下，具有共同目标，并为达成这些目标而相互协作、相互联系和依赖的群体；作为动词的组织属于活动过程，指的是为了达到某一特定的共同目标，通过各部门劳动和职务的分工协作以及不同等级的权力与责任的制度化，有计划地协调各种行为的活动。本书所讨论的组织是指作为社会实体的组织，也就是静态的、名词含义的组织。

（三）学科"亚组织"内涵

本书中的"亚"为形容词，意为"次，次于"。"亚组织"是指在组织目标、组织管理、组织协作和组织构成等方面有别于非正式组织，但尚未达到正式组织要求的一种特殊形式的社会实体或机构。

而学科"亚组织"是指在我国高等学校中普遍存在的、以实现高等学校博士研究生和硕士研究生培养、科学研究和服务社会三大职能为目标的，按照我国 1997 年颁布的《授予博士、硕士学位和培养研究生的学科、专业目录》中条目进行命名的，由特定的科技创新人员和联结机制、科技创新资源和科技创新制度等要素构成的，有别于非正式组织，但尚未达到正式组织要求的一种社会实体形式。

三　学科"亚组织"与正式组织和非正式组织的区别

巴纳德总结出正式组织具有"分工协作、共同目的、信息交流"三大特征。通过对比学科"亚组织"与正式组织和非正式组织，可以看出，学科在这三个方面具有其独特特征：

首先，在人员角色及分工协作方面，正式组织对每个成员分配角色任务，建立了清晰的层级关系，如高校中的各个职能部门和各个学院（系），每位教师在各自部门中的角色、地位、权利和责任都由学校及上级主管部门予以分配，都具有明确的权、责、利，人们按照自己的角色进行分工协作。正式组织讲究效率，要求协调地处理人、财、物之间的关系，以最经济有效的方式达到目标。在学科"亚组织"中，人员都是由学校的正式组织，即各个职能部门和各个学院（系）中的系（教研室）的正式编制人员抽调构成的，每个人在学科"亚组织"的角色、地位、权利、责任和收益等并不明确，人员编制没有得到学校的官方认可。学科负责人及各个研究方向下的负责人更多的是依靠其学术地位和权威进行领导，并没有严格的行政命令对其权责进行界定。相对而言，学科"亚组织"内部没有体现权威的层级关系，成员之间比较平等。

但是，相对于非正式组织，学科"亚组织"人员联系并非靠兴趣、性格、地位、利益和观点认识等纽带自发地组合，而是在学校或学院（系）统一的规划和统筹安排，根据已有资源和条件有组织地进行结合。学科"亚组织"中，每个人的角色和贡献都是不可替代的，而在非正式组织中每个人的贡献和角色则可以互换。因此，学科"亚组织"不同于学校内的正式组织和非正式组织。

其次，在目的性方面，正式组织的结构特征反映出一定的管理思想和信念，各分系统、子系统在决策和运作上都直接为大学的组织目标服务。学科"亚组织"则发挥着咨询参谋、辅助决策等作用，促进正式组织更有效地运作，间接地支撑组织目标更好地实现。另外，学科"亚组织"虽然也具备明确的发展目标，但是，缺乏为实现组织目标而制定的规范决策和运行机制的有力规章制度及管理措施。究其原因，还是取决于学科"亚组织"中人员职位、编制和角色的模糊性和双重性。与非正式组织相比，非正式组织并不具备明确的组织目标和实现目标的激励制度。

最后，在信息交流方面，学校内正式组织在运作中强调纵向的指令与反馈、横向的扩散与利用，在形式上主要表现为链式、环式、车轮式等沟通方式。正式组织有明确的交流机制，如定期举行的各种会议、研讨会、座谈会等。学科"亚组织"由于没有明显的层级关系，所以，在内部成员之间主要通过全方位网状横向沟通的方式，沟通的内容也主要体现在承担科技创新课题以及学术心得方面。通过交流以分享信息、平等探究，进而在充分表达个体不同观点的基础上，实现达成共识和统一意见的组织预期。高校中非正式组织的沟通和交流则主要是人与人之间私下的、非正式的、各种话题的交流。

第三节　高校学科"亚组织"的特征

一　学科"亚组织"的目标

学科"亚组织"目标具备独特性，这也是高校职能的多样性所决定的。高校是一个具备学术组织特征、经济组织特征和公共组织特征的混合体，学科是高校实现其职能的功能载体，使学科"亚组织"的目标也呈现出多样化。首先，学科在一定程度上具有公共组织的特征，如学科培养创新人才，满足社会公共需求。其次，学科开展科学研究等学术活动，探索未知世界，促进科学发展和技术进步。最后，学科内的个人或团队在市场中通过将知识和技术向产业转化，实现科研商业化，并获取相应的经济收益，此时，组织又在一定程度上具备了经济组织的特征。因此，学科的目标可能是多种多样的。如得到同行的认可、社会地位的提高、经济收益的增加、创新产出的增加、创新资源的占有、科技奖励的获取以及社会资本的建立等。

二　学科"亚组织"人员构成及相互关系

学科"亚组织"的科技创新人员都来自学校内部其他正式组织中的正式教学与科研人员，但是，这些科技创新人员可能隶属于不同的正式组织，如分属于不同的系、教研室等，同时，可能部分学科的成员也来自学校外部的其他机构。如笔者所在的管理科学与工程学科，部分学术研究人员就来自河北省、天津市的其他机构。学科"亚组织"的研究人员在科技创新活动中，在学术带头人的引领下组成科技创新元，承担课题研究工作，并结成了长期的合作关系。因此，学科的人员编制具有不确定性，人员来自不同的正式组织。

从人员之间的相互关系看，学科内的人员之间是基于从事科技创新活动而联系在一起的，每个人都发挥自己的聪明才智，学术带头人的地位是由其学术声望和水平所决定的，人与人之间只有学术水平的差异，没有行政地位的高低之分。并且，在决策过程中，每个人都能提出自己的观点和意见，都能够参与学科决策，学科运作机制是一种平等参与、民主议事的状态。

三　学科"亚组织"沟通机制

学科"亚组织"内的人员之间在承担科技创新活动中，为了实现科技创新目标，需要每个人都能充分发挥自己的聪明才智，并且吸取他人的经验和知识，因此是一种全方位网状的沟通方式，每个人都能实现与其他人员的充分沟通。但是，学科"亚组织"缺乏正式的沟通制度和机制，如果不属于统一科技创新元或研究方向下，学科"亚组织"内的科技创新人员相互之间可能从未谋面或从未就学科中的学术问题进行过交流。而正式组织中就具有非常明确的沟通机制，如定期全体会议、研讨会、座谈会等。

四　学科"亚组织"结构

从学科结构来看，学科是一种以矩阵机构为主的扁平式结构，主要依靠学科带头人或研究方向带头人的学术权威和地位进行管理和领导，而这些人在学科中并不具备非常明确的行政职务和地位。因此，在学科"亚组织"中不存在清晰的层级关系，是一种扁平式结构。学科负责人直接与学科下属的各个科技创新元负责人进行沟通，层级较少。在正式组织中，则是一种非常明确的官僚制结构，层级之间界限非常明确。

第四章　河北省重点学科知识创新方式二元策略组合与绩效权变关系检验

第一节　总体研究设计

一　学科知识创新方式二元策略组合内涵的界定

学科是实现高等学校人才培养、科学研究、社会服务和文化传承的功能载体，其知识创新行为决定了学科知识创新绩效。

（一）学科知识创新的内涵

不同学者对知识创新的定义也各不相同，其中，具有代表性的是日本学者野中郁次郎（Nonaka）1994年的观点和研究成果。野中郁次郎认为，隐性知识和显性知识的相互转换称为知识创新，即知识创新是由外显知识和内隐知识的相互转化、相互作用而产生的。在之后的研究中，野中郁次郎又于1998年提出了知识创新模型中的三大因素：（1）SECI流程；（2）"Ba"概念；（3）知识资产概念。以上三个因素的定义丰富和扩展了知识创新体系的研究。随后，又产生了以下几项具有代表性的研究：

Nishiguchi 2000年将知识创新与辩证思考相结合，提出了知识创新是概念化的辩证思考流程的概念，这一观念的提出进一步扩展了知识创新理论。该研究认为，个体、组织、环境的相互作用对知识创新具有综合性效用。

Petrash研究指出，个人资本、组织资本和客户资本构成了基于知识创新的知识资本模型，在该模型中，三类资本相互作用将有助于企业"价值创造"空间的提升。

1996年，Szulnaksi研究认为，知识创新是由知识启动、知识实现、知识上升和知识集成四个阶段构成的。随后，安德森又将知识创新划分为知识共享、创造、确定、收集、适应、组织和应用七个阶段。

在我国，对知识创新方面研究的起步比较晚，基本上处于介绍、整理和评价阶段。近几年来，随着学者对知识创新进行了广泛的、深入的研究，并不断地修正和扩展了该理论。路甬祥（1998）认为，通过科学研究的方式获取新的自然科学知识和技术科学知识的行为就是知识创新行为，其知识创新的目的是获取新的发现，寻找新的规律，创建新的学说，探索新的方法，积累新的知识。2006年，张爽发表的论文《知识转化理论下企业员工知识创新能力评价》将知识创新能力划分为基础知识存量、识别知识能力、内化知识的能力、外化知识的能力和竞争与合作能力，这体现了企业知识创新行为的规律和特征。和金生等（2005）在总结野中郁次郎的SECI流程模型基础上开创了知识发酵模型，以此分析认为，组织可以利用构成SECI过程的各个要素来强化对自身知识的管理和创新活动，以此加强组织学习和知识创新的核心环节。刘劲扬（2008）认为，在创新系统内，通过生产、扩散、转换同时与技术开发、应用相互作用下形成的科学知识就是知识创新，这一创新过程的主要特征就是增加了该创新系统的存量。与此同时，也有一部分学者对知识创新机理做了相关性的分析研究。

从上述分析可知，知识创新的相关研究，无论是知识创新的定义、知识创新的模式还是知识创新的制约因素，每个研究的侧重点都有所不同，但又不是相互独立的，而是在其他几方面研究的基础上进行侧重点倾斜。本书从知识创新包括的内容角度，认为学科知识创新是指学科所开展的科学研究以及技术开发和技术推广等社会服务活动，也就是其进行的知识生产、知识传播和知识应用行为。

（二）知识创新方式的单元策略和二元策略组合

创新，可以从多个角度进行分类。按内容分，技术创新可以分为产品创新和工艺创新；按创新程度分，技术创新可以分为根本性创新和渐进性创新；按照技术来源分，技术创新可以分为自主创新和合作创新。本书将学科知识创新方式分为合作知识创新和独立知识创新。合作知识创新是指以成果共享、风险同担为原则，以资源最佳配置为手段，承担知识创新活动的创新主体通过各种形式与外部伙伴共同就某一研究问题进行合作知识创新，共同实现知识创新目标，获取创新收益的行为。独立知识创新是指创新主体不需要外部合作伙伴，仅凭自身力量和能力进行知识创新，独享创新成果和独自承担创新风险。

"策略"一词具有多种含义，其中之一是指"可以实现目标的方案集合"。策略是以集合形式出现的，当可供执行的方案很多、某一个方案行不通时，能够及时应变其他的方案。从这个意义上说，根据知识创新方式的界定，知识创新方式策略包括合作知识创新策略和独立知识创新策略两种策略的集合。

学科知识创新方式一元策略是指学科仅采用知识创新方式策略中的一种，或单独采用合作知识创新策略，或单独采用独立知识创新策略。

学科知识创新方式的二元策略组合是指学科同时采用知识创新方式策略中的两种。这两种知识创新策略可能同时存在，即在某一项创新活动上采用独立知识创新策略，在另一项创新活动上采用合作知识创新策略。在特定范围和特定时间内，学科采用独立知识创新策略和合作知识创新策略的次数、规模和范围之间的数量关系和比例关系，称为学科知识创新策略组合。学科究竟应采取何种知识创新策略，受学科所在科学领域、学科规模、学科发展战略、学科环境需求以及具体创新问题等多种因素的影响。并且，在不同学科进行知识创新过程中，这两种策略以不同的形式进行组合，不同学科采用这两种策略的频率和程度大小不同。有的学科更侧重合作创新策略，有的学科则更多地利用独立创新策略，但不管哪种情况，这两种策略在这些学科中都是同时被采用的。

我们认为，学科采用合作知识创新策略和独立知识创新策略的组合知识创新策略比单独开展其中的一种知识创新方式可以体现两者之间的协同互补作用，并产生更高的学科知识创新绩效，简称学科知识创新方式二元策略组合。学科知识创新方式二元策略组合指的是合作知识创新方式采用频率和独立知识创新方式采用频率在本学科中的比例关系及数量关系。本书拟从知识创新方式二元策略组合的平衡尺度和组合尺度两个维度来衡量学科知识创新方式的策略组合。两个维度的具体分析方法将在下文予以详细介绍。

二　研究背景

目前，各个高校都在通过不同的知识创新方式加强学科建设，并且投入了大量的学科建设资源，虽然取得了一些成效，但是，仍存在诸多问题，尤其是地方高校的学科，在建设过程中，效果不甚明显。究其原因，在宏观上由于学科组织效应不高，难以发挥学科的集体知识创新能力和整体实力；在微观上主要是由于人们对知识创新方式和知识创新绩效的关系难以厘清。主要表现在：在我国鼓励高校加强产学研合作及科技合作，实现协同创新的政策导向下，各个学科纷纷采取各种途径开展与其他单位的协同创新，以提高学科知识创新绩效。国家的创新政策顺应了知识经济时代发展趋势和我国知识创新的现状和问题，是高屋建瓴的知识创新策略。然而，具体到每个学科，情况就有所变化，学科知识创新策略出现了一些问题，导致学科知识创新绩效不高。主要表现在两个方面：

（1）部分学科过分追求与其他单位开展合作知识创新。一方面，部分学科不是根据学科性质、已有资源条件和需求，选择适当的合作知识创新对象、方式、内容和程度，而是盲目地追求数量和规模，导致资源浪费和重复劳动。另一方面，部分学科只注重与其他单位开展合作创新，却忽视了独立创新对学术人员知识创新基础能力提升的促进作用，忽视了本学科的性质决定了需要以独立创新为主，或者某些课题凭自身力量就能完成，却下大力气去寻找合作伙伴，这也是资源的巨大浪费。

（2）部分学科对合作知识创新的重视程度和投入力度不够。有的学科带头人和学术研究人员认为，本学科只能开展独立创新，需要发挥个人的创造力，往往忽视了信息和知识共享的重要作用。有的学科带头人和学术研究者害怕自身的新知识和新技术被他人窃取，往往不敢与其他单位的个人或团队进行合作。有的学科希望能够与其他单位合作知识创新，但是，缺乏有效的途径和合作对象。这些学科由于各种原因，对合作创新的重视程度和投入力度还需进一步加强。

目前，国外研究学科知识创新双元策略的文献颇丰。已有研究主要分析双元策略之间的相互影响。例如，学科知识创新活动的知识转移和知识应用行为（多数是研究分析大学技术转移行为，如以专利申请和获得授权数量为代表的）对大学知识生产行为（多数是分析大学基础研究成效，如学术出版物数量）的影响，如史蒂芬等（2007）、彼得斯和埃茨科维茨（Peters and Etzkowitz，2007）、阿格拉瓦尔和亨德森（Agrawal and Henderson，2002）、迪克（Dirk，2009）和卡罗斯（Carlos，2004）等。

另外，大量的文献分析了大学教学与科研的关系，即大学知识创新活动中知识生产和知识传播之间的关系。如约翰·哈蒂和马什（John Hattie and Marsh，1996）、安妮（Anne，2005）、罗伯特（2000）。这些学者从定性和定量两个角度分析了大学知识创新行为中各种知识创新策略之间的关系。但是，这些研究仅仅单独分析了每个知识创新策略对其他知识创新策略和大学绩效的影响，未有文献分析两者之间如果通过一定的方式进行组合是否能够促进大学更好地发展，两者之间平衡到何种程度最优。另外，根据笔者搜索到的文献，尚未发现有学者研究大学及学科合作知识创新行为与独立知识创新行为之间的关系以及这种关系组合对大学及学科知识创新绩效的影响。

本书提出学科知识创新方式二元策略组合，通过分析这种策略组合对学科知识创新绩效的相对影响，为学科领导者和管理者制定本学科知识创新发展策略提供理论分析框架和相应的对策。

由于各个地方高校学科的性质、区位、资源、组织特征等方面存在较大差异，不同学科应当根据自身特征，选取最为合适的知识创新策略，而不是一味地照搬他人的成功经验。部分学科应当把知识创新行为重点放在合作知识创新策略上，部分学科应当更重视独立知识创新策略。总而言之，不同学科只有寻求到知识创新方式二元策略不同平衡点，才能显著地提高学科建设水平。但是，不同的学科应当如何寻求最优的知识创新策略，在独立知识创新策略与合作知识创新策略选择上，使学科知识创新绩效最高的最优知识创新方式策略组合是什么依旧是一个有待于解决的问题。虽然记录独立知识创新策略或合作知识创新策略对学科或学校知识创新绩效影响的文献很多，但是，对两者之间交互作用的实证研究却是出奇得少。对学科独立知识创新和合作知识创新两种行为同时予以重视是加强了彼此的作用，还是降低了彼此的作用，这个问题仍没有得到解决。另外，学科管理者不清楚独立知识创新策略与合作知识创新策略之间的比重应该平衡到什么程度，也不清楚两者之间知识创新方式策略组合该优化到什么程度。

因此，本书的研究目的有三个：一是分别测定并对比河北省重点学科知识方式的独立知识创新策略和合作知识创新策略对学科知识创新绩效的影响；二是测定河北省重点学科知识创新方式中的独立知识创新策略和合作知识创新策略之间的最佳平衡点；三是了解河北省重点学科知识创新策略对学科知识创新绩效是否有重大影响。

三　研究思路与技术路线

本章旨在研究河北省重点学科知识创新方式与学科知识创新绩效的权变关系。"权变"一词有"随具体情景而变"或"依具体情况而定"的意思。在本书中，权变关系是指在不同的学科情景中，学科知识创新方式与学科知识创新绩效之间存在不同的关系。本章拟从三个方面研究河北省重点学科知识创新方式与学科知识创新绩效的权变关系。

首先，进行河北省重点学科知识创新方式一元策略与学科知识创新绩效权变关系的静态检验，即在静态上，从特定的时间节点上利用方差分析、相关分析和回归分析方法，分别研究河北省重点学科合作知识创新策略与学科知识创新绩效的关系和河北省重点学科独立知识创新策略与学科知识创新绩效的关系。

其次，进行河北省重点学科知识创新方式二元策略组合与学科知识创新绩效权变关系的静态检验，即在静态上，从特定的时间节点上利用方差分析、相关分析和回归分析方法，分别研究河北省重点学科知识创新方式二元策略组合平衡尺度与学科知识创新绩效的关系和河北省重点学科知识创新方式二元策略组织联合尺度与学科知识创新绩效的关系。

最后，进行河北省重点学科知识创新方式二元策略组合与学科知识创新绩效权变关系的动态检验，即在动态上，从学科发展的时间序列上，利用马尔科夫概率转换模型，分析不同时期内学科知识创新方式二元策略组合平衡尺度的转换特征及与学科知识创新绩效的关系。

通过上述三个方面的分析，提出学科知识创新方式二元策略与学科知识创新绩效权变关系分析框架，归纳河北省重点学科建设的具体情景和特征。

第二节　学科知识创新方式一元策略与绩效权变关系静态检验

一　研究概念框架

学科知识创新方式一元策略与绩效权变关系，即分别分析学科独立知识创新策略和合作知识创新策略与学科知识创新绩效的关系。另外，学科知识创新投入作为自变量，不但影响学科独立知识创新策略和学科合作知识创新策略，同时也影响学科知识创新绩效。本书的概念框架如图4-1所示。

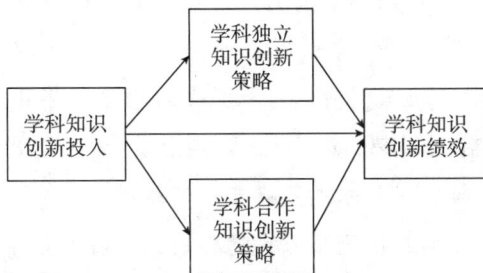

图4-1 学科知识创新方式一元策略与绩效权变关系的概念模型

二 理论观点与研究假设

（一）学科知识创新投入与学科知识创新方式策略

学科知识创新投入一般包括学科知识创新人力资源投入、知识创新财力资源投入和知识创新物力资源投入三个方面。不管哪一个方面的投入，学者都认为，从绝对数量上看，投入越高，则创新活动越频繁，创新产出越多（Wendy et al.，2005；Donald et al.，2003；Pekka Korhonen et al.，2001）。因此，本书提出以下假设：

H4-1：学科知识创新投入越多，学科独立知识创新策略使用越频繁；反之则相反。

H4-2：学科知识创新投入越多，学科合作知识创新策略使用越频繁；反之则相反。

上述两个假设可用以下6个假设来代表：

H4-1a：学科知识创新人力资源投入越多，将正向促进学科独立知识创新策略的使用频率；反之则相反。

H4-1b：学科知识创新财力资源投入越多，将正向促进学科独立知识创新策略的使用频率；反之则相反。

H4 - 1c：学科知识创新物力资源投入越多，将正向促进学科独立知识创新策略的使用频率；反之则相反。

H4 - 2a：学科知识创新人力资源投入越多，将正向促进学科合作知识创新策略的使用频率；反之则相反。

H4 - 2b：学科知识创新财力资源投入越多，将正向促进学科合作知识创新策略的使用频率；反之则相反。

H4 - 2c：学科知识创新物力资源投入越多，将正向促进学科合作知识创新策略的使用频率；反之则相反。

（二）学科知识创新方式策略与创新绩效

根据前面对学科知识创新方式的界定，学科独立知识创新方式或学科合作知识创新方式使用越频繁，都能够显著地促进学科知识创新绩效。在高校中，学科知识创新活动主要表现在发表学术论文、出版学术著作、承担科研项目、打造知识创新平台、专利申请和技术转让等，这些活动成果越多，表明知识创新活动越频繁。独立知识创新是指学科仅依靠学科内部学术研究人员承担上述知识创新活动，不涉及学科外部的个人、团队及组织的参与。技术转让是指学科内部学术研究人员独立完成技术成果并实现转让。合作知识创新是指学科与外部的个人、团队及组织共同承担上述学术论文发表等知识创新活动。学科独立发表学术论文、出版学术著作、承担科研项目、打造知识创新平台、专利授权和成果转让成果数量越多，表明学科独立知识创新活动越频繁，学科独立知识创新策略使用越频繁。学科与外部人员合作发表学术论文、出版学术著作、承担科研项目、打造知识创新平台、专利授权和成果转让成果数量越多，表明学科合作创新活动越频繁，学科合作知识创新策略使用越频繁。根据上述描述，提出以下假设：

H4 - 3：学科独立知识创新策略使用越频繁，学科知识创新绩效越高；反之则相反。

H4 - 4：学科合作知识创新策略使用越频繁，学科知识创新绩效越高；反之则相反。

上述两个假设可用以下 6 个假设来代表：

H4-3a：学科独立发表学术论文数量越多，将正向促进学科知识创新绩效；反之则相反。

H4-3b：学科独立出版学术著作数量越多，将正向促进学科知识创新绩效；反之则相反。

H4-3c：学科独自打造知识创新平台数量越多，将正向促进学科知识创新绩效；反之则相反。

H4-3d：学科独立承担科研项目数量越多，将正向促进学科知识创新绩效；反之则相反。

H4-3e：学科独立获得专利授权和成果转让数量越多，将正向促进学科知识创新绩效；反之则相反。

H4-4a：学科合作发表学术论文数量越多，将正向促进学科知识创新绩效；反之则相反。

H4-4b：学科合作出版学术著作数量越多，将正向促进学科知识创新绩效；反之则相反。

H4-4c：学科合作打造知识创新平台数量越多，将正向促进学科知识创新绩效；反之则相反。

H4-4d：学科合作承担科研项目数量越多，将正向促进学科知识创新绩效；反之则相反。

H4-4e：学科合作获得专利授权和成果转让数量越多，将正向促进学科知识创新绩效；反之则相反。

（三）学科知识创新投入策略与知识创新绩效

学科知识创新投入主要是指学科知识创新人力资源投入、知识创新财力资源投入和知识创新物力资源投入三个方面。不管哪一个方面的投入，学者都认为，从绝对数量上看，投入越高，创新绩效越高。学科创新绩效主要包括学术队伍建设水平、知识创新水平和创新人才培养水平三个方面。根据上述描述，提出以下假设：

H4-5：学科知识创新投入越多，将正向促进学科知识创新绩效；反之则相反。

该假设可用以下3个假设来代表：

H4-5a：学科知识创新人力资源投入越多，将正向促进学科知识创新绩效；反之则相反。

H4-5b：学科知识创新财力资源投入越多，将正向促进学科知识创新绩效；反之则相反。

H4-5c：学科知识创新物力资源投入越多，将正向促进学科知识创新绩效；反之则相反。

三　数据来源和变量设定

（一）数据源和数据

本书以2004年、2009年遴选出的河北省省级重点学科为样本，所有数据均来自河北省重点学科参与重点学科评估时的申请材料，再加上河北省强势特色学科（群）覆盖的36个省级重点学科。样本数量为：2004年参与河北省重点学科评估的74个重点学科；2009年参与河北省重点学科评估的62个重点学科和河北省强势特色学科（群）主干学科覆盖的36个省级重点学科，研究样本数量为172个。

河北省重点学科的评估工作从1999年开始，基本上是每隔五年一次，到2012年为止，已经进行了三次评估工作。河北省重点学科评估的范围包括经省政府批准重点建设的重点学科和重点发展学科。考察的内容是上次评审结束至下次评审开始时的五年时间内学科的建设和发展情况。河北省重点学科评估作用和意义重大，重点学科评估结果及等次将作为重点建设经费分配的重要指标之一。省级重点发展学科在评估中获得良好以上等次的，直接进入省级重点学科新增遴选答辩环节。

河北省重点学科的评估程序包括：

（1）学校自评。各学校要全面总结五年来各学科重点建设情况，认真开展自评工作，完成自评报告。自评报告分为学科总结和自评结果两部分。学科总结主要包括：学科建设背景、意义和目的；目前主要研究方向、水平、特色以及标志性成果；人才培养、师资队伍建设、经费投入及使用效益；重点建设中采取的主要措施、存在的主要问题及对策建议等。自评结果主要是指各个高校按照《河北省高等学校重点学科建设评估指标体系》，对重点学科进行打分，并提供评分依据。

（2）专家评估。主要程序包括：听取学校重点学科建设及自评情况报告；现场考察学科建设情况；审查学科自评报告；召开教师、教学管理人员和学生座谈会；专家组与校领导、学科带头人交换意见。专家组评估结束后，按学科得分，分层次（重点学科、重点发展学科）、分类别（理工农医管理、文科两大类）确定评估等次。各等次的具体比例是：优秀学科占10%，良好学科占20%，合格学科占50%，整改学科占10%（重点发展学科为20%），淘汰学科占10%（重点学科暂不设淘汰等次）。

（3）省政府审批。专家组评估意见，经省教育厅和省直有关部门审核，报省政府批准后正式公布。部委属院校的省级重点学科评估结果将通报其上级主管部门。

河北省高等学校重点学科建设评估指标体系共分为5大项30条目，总权重为20，满分为100分。每个条目分A、B、C、D四档，分别记5、4、3、2分，再乘以权重，即为该条目得分，达不到D档的，该条目记0分。具体指标体系如表4-1所示。

表4-1　　　河北省高等学校重点学科建设评估指标体系

项目	条目	权重
学术队伍建设 （6.5）	学术带头人影响力评价	0.75
	学术带头人年龄状况评价	0.25
	学术带头人承担科研项目情况评价	0.75
	学术带头人成果获奖情况评价	1.0
	学术带头人发表论文情况评价	1.0
	学术带头人出版专著、教材情况评价	0.75
	学术梯队年龄结构评价	0.5
	学术梯队职称结构评价	0.25
	学术梯队学历结构评价	1.0
	学术梯队中学缘结构评价	0.25

续表

项目	条目	权重
教学与人才 培养（4.0）	学位授权点建设评价	1.0
	学科基地建设评价	1.0
	奖励情况评价	1.0
	人才培养质量评价	0.5
	承担教学研究项目和教材出版情况评价	0.5
科学研究 （6.5）	人均科研项目情况评价	1.25
	成果鉴定评审情况评价	0.25
	成果转让与授权发明专利情况评价	0.5
	人均科研成果获奖情况评价	1.5
	科研成果效益评价	0.25
	人均发表论文情况评价	1.25
	人均出版专著情况评价	0.5
	人均年占有科研经费情况评价	0.5
	国内外学术交流情况评价	0.5
工作条件 （1.5）	仪器设备和图书资料资产情况评价	0.75
	仪器设备购置及配置合理性评价	0.5
	实验技术及图书资料人员配备情况评价	0.25
学科管理（1.5）	学科建设规划及执行情况评价	0.5
	重点学科建设专项经费使用情况评价	0.75
	学科建设管理评价	0.25

本书选取的研究样本为参与评估的河北省省级重点学科，不包括省级重点发展学科，样本数据包括每个重点学科在五年评估期的人员数量、学科建设经费投入数量、取得知识创新成果数量以及重点学科评估得分等。

（二）变量设定

在图 4-1 提出的概念模型中，主要研究了五种关系。分别在图 4-2 中用阿拉伯数字标出。对于关系（1）和关系（2），主要研究了学科知识创新投入和学科知识创新方式之间的关系，学科知识创新投入为自变量，学科独立知识创新策略和学科合作知识创新策略分别为因变量。对于关系（3）和关系（4），主要研究了学科知识创新方式与学科知识创新绩效之间的关系，学科独立知识创新策略和学科合作知识创新策略分别为自变量，学科知识创新绩效为因变量。对于关系（5），主要研究了学科知识创新投入和学科知识创新绩效之间的关系，学科知识创新投入为自变量，学科知识创新绩效为因变量。

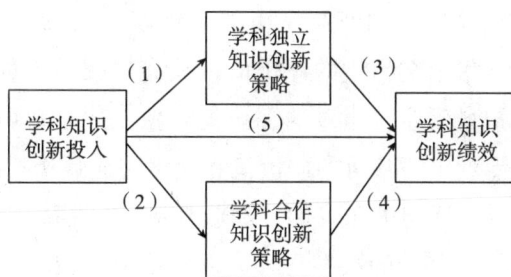

图 4 - 2　概念模型中的各种关系

另外，本书还把河北省重点学科的情景因素，如学科门类、学科所在地理位置作为控制变量，分析它们对学科知识创新绩效的影响。

1. 学科知识创新投入

根据前面文献分析，本书用三维的学科知识创新投入指标，来反映学科知识创新投入的全貌，包括学科学术人员数量（不包括后勤辅助人员和学科专职管理人员）、学科建设投入经费金额（包括主管部门拨发的河北省重点学科建设专项经费和学校按照 2∶1 的比例筹集的重点学科建设配套经费）、学科建设购买固定资产及图书资料所花费的费用金额。

本书利用《河北省高等学校重点学科建设评估指标体系》中的"学术队伍"一级指标下的"学术梯队年龄结构评价"中对学科学

术队伍人员数量的描述来代表学科"知识创新人力资源投入"变量；利用"学科管理"一级指标下的"重点学科建设专项经费使用情况评价"条目中对学科建设经费投入情况的总结来衡量学科"知识创新财力资源投入"变量；利用"工作条件"一级指标下的"仪器设备和图书资料资产情况评价"条目对学科购置仪器设备及图书资料情况的总结来衡量学科"知识创新物力资源投入"变量。

2. 学科知识创新方式

前面已经提出，知识创新方式包括独立知识创新策略和合作知识创新策略。独立知识创新策略用独立创新活动成果产出来衡量，包括独立发表学术论文当量的评价值、独立出版学术著作当量的评价值、独立承担科研项目当量的评价值、独立建立知识创新平台数量的评价值、专利申请数量的评价值和技术转让数量的评价值等。

上述变量的数据均可在我们已经收集到的"河北省重点学科评估材料"中获取。其中的数据与《河北省高等学校重点学科建设评估指标体系》相对应。

本书利用"科学研究"一级指标下的"人均发表论文情况评价"条目中所描述的学科所列已发表论文作者清单中独立发表论文当量值的评价值来衡量"独立发表论文"变量。

利用"科学研究"一级指标下的"人均科研项目情况评价"条目中所描述的学科所列承担项目清单中独立承担科研项目当量值的评价值来衡量"独立承担科研项目"变量。

利用"科学研究"一级指标下的"人均出版专著情况评价"条目中所描述的学科所列出版专著清单中独立出版专著当量值的评价值来衡量"独立出版学术著作"变量。

利用"科学研究"一级指标下的"成果转让与授权发明专利情况评价"条目中所描述的学科所列成果转让与授权发明专利清单中独立完成数量的评价值来衡量"独立获得专利授权和成果转让"变量（对于人文与社会科学类学科，则利用"科学研究"一级指标下的"科研成果效益评价"条目中对学科合作研究成果被引用的次数来衡量）。

利用"教学与人才培养"一级指标下的"学科基地建设评价"条目中所描述的学科创新基地建设中独立打造的创新基地数量的评价值来衡量学科"独立打造知识创新平台"变量。

利用"科学研究"一级指标下的"人均发表论文情况评价"条目中所描述的学科所列已发表论文作者清单中合作发表论文当量值的评价值来衡量"合作发表论文变量"。

利用"科学研究"一级指标下的"人均科研项目情况评价"条目中所描述的学科所列承担项目清单中合作承担科研项目当量值的评价值来衡量"合作承担科研项目"变量。

利用"科学研究"一级指标下的"人均出版专著情况评价"条目中所描述的学科所列出版专著清单中合作出版专著当量值的评价值来衡量"合作出版学术著作"变量。

利用"科学研究"一级指标下的"成果转让与授权发明专利情况评价"条目中所描述的学科所列成果转让与授权发明专利清单中合作完成数量的评价值来衡量"合作获得专利授权和成果转让"变量（对于人文与社会科学类学科，则利用"科学研究"一级指标下的"科研成果效益评价"条目中对学科合作研究成果被引用的次数来衡量）。

利用"教学与人才培养"一级指标下的"学科基地建设评价"条目中所描述的学科创新基地建设中合作打造的创新基地数量的评价值来衡量学科"合作打造知识创新平台"变量。

其中，学科为知识活动及成果第一完成人时，获得的当量值与全部当量值相等。学科为第二完成人时，获得的当量值为全部当量值的1/2。发表学术论文当量、出版学术著作当量和承担科研项目当量值在河北省各个重点学科自评报告中已经给出本学科详细的当量值。某个具体学科各个指标的评价值取得方法为：将该学科科研成果当量值与同一评估期内（2004年或2009年）所有学科得分均值相比，便得出该学科的评价值。

3. 学科知识创新绩效

学科知识创新绩效主要表现在学科知识创新人员水平、知识传播水平、知识生产水平和知识应用水平来衡量。在《河北省高等学校重点学科建设评估指标体系》中主要表现为学术队伍建设水平、教学与人才培养水平、科学研究水平、学科工作条件建设水平和学科管理水平。学科知识创新绩效的各个指标值主要由学科自评得分来衡量。由于各个学科建设水平的得分由专家打分获取，河北省所有学科的工作条件建设水平和学科管理水平得分基本相同，因此，在计算学科知识创新绩效时舍去这两个指标。本书利用各学科根据《河北省高等学校重点学科建设评估指标体系》进行自评的打分结果分别来衡量"科学研究"变量、"教学和人才培养"变量和"学术队伍建设"变量。

4. 学科门类和学科地理位置

本部分将学科门类指标和学科地理位置指标作为控制变量。分析学科门类和学科地理位置因素对学科知识创新方式一元策略与绩效权变关系的影响。学科门类分为 5 个大的门类，分别是自然科学类学科、人文与社会科学类学科、工程技术类学科、医药科学类学科和农业科学类学科。学科地理位置为河北省重点学科所在的地区，包括石家庄、保定、邯郸、唐山、张家口、承德、秦皇岛和天津。

四 单因素方差分析结果与讨论

单因素方差分析是指在实际问题的研究中，有时需要考虑某个因素对实验结果的影响。本书中，这些因素主要是两个控制变量，即学科门类和学科地理位置。下面分别予以讨论。

在本书中，按照 1993 年国家以往对学科大类的划分，将河北省重点学科划分为五类，即自然科学类学科、人文与社会科学类学科、工程技术类学科、医药科学类学科和农业科学类学科，分别以学科门类 1、学科门类 2、学科门类 3、学科门类 4 和学科门类 5 来代表，以此来检查学科门类因素对学科知识创新投入、学科知识创新方式和知识创新绩效影响是否存在显著差异。学科所在区域是指学科所处行政区域，即河北省各个地级市加上天津市。

根据单因素方差分析方法，本书提出方差分析的原假设和备择假设。

原假设 H_0：影响因素对变量具有显著影响；

备择假设 H_1：影响因素对变量无显著影响。

该假设主要以各因素水平下的样本均值是否在统计意义上相等来衡量。该假设可表述为：H_0：$\mu_1 = \mu_2 = \cdots = \mu_k$，$H_1$：$\mu_1$，$\mu_2$，$\cdots$，$\mu_k$ 不全相等。其中，K 为影响因素水平个数。根据这个原理，分析学科门类和学科所在区域的各因素水平下样本均值是否相等。

（一）学科门类和学科所在区域对学科知识创新投入的影响

不同的学科门类和不同的地理位置，学科知识创新投入具有一定的差异，但是，这种差异是否显著，需要利用单因素方差分析来检验。表 4 - 2 给出了学科门类对学科知识创新投入影响的单因素方差分析结果。可以看出，不同学科门类学科对学科知识创新物力资源和学科知识创新财力资源投入的影响显著（$p < 0.05$），而学科门类对学科知识创新人力资源投入的影响不显著（$p > 0.05$）。

表 4 - 2　　　　　　　学科特征对学科知识创新投入的影响

		平方和	均方	F 统计量	p 值
学科门类	组内	1298.001	15.582	—	—
	组间	127.363	25.473	1.635	0.040
学科所在区域	组内	1330.342	15.586	—	—
	组间	94.812	31.604	2.028	0.110

注：$\alpha = 0.05$，样本 172 个。

由表 4 - 2 可知，学科门类变量对学科知识创新投入变量的方差分析结果达到显著，计算出的显著性概率小于 0.05，故拒绝原假设，即不同学科门类的学科知识创新投入具有显著差异。

学科所在区域变量对学科知识创新投入变量的方差分析结果未

达到显著，计算出的显著性概率大于 0.05，故接受原假设，即不同地区的学科知识创新投入不具有显著差异。

上述分析也与各个学科的实际情况相符。一般来说，工程与技术科学类学科开展知识创新活动需要大量的知识创新资源，学科投入相对较多，而人文与社会科学类学科所需要的投资相对较少。上级主管部门对各个地区的学科投入并无明显的倾斜情况。

（二）学科门类和学科所在区域对学科独立知识创新行为的影响

表 4-3 给出了学科门类对学科独立知识创新行为影响的单因素方差分析结果。从结果分析可知，学科门类变量和学科所在区域变量对学科独立知识创新行为变量的方差分析结果均未达到显著，计算出的显著性概率大于 0.05，故接受原假设，即不同门类学科和不同地区的学科独立知识创新行为并无显著差异。

表 4-3　　　　　学科特征对学科独立知识创新行为的影响

		平方和	均方	F 统计量	p 值
学科门类	组内	1405.323	10.020	—	—
	组间	20.041	15.752	0.636	0.530
学科所在区域	组内	1332.101	15.632	—	—
	组间	94.255	23.561	1.507	0.200

注：$\alpha = 0.05$，样本 172 个。

（三）学科门类和学科所在区域对学科合作知识创新行为的影响

表 4-4 给出了学科门类和学科所在区域对学科合作知识创新行为影响的单因素方差分析结果。从结果分析可知，学科门类变量对学科合作知识创新行为变量的方差分析结果达到显著，计算出的显著性概率小于 0.05，故拒绝原假设，即不同门类的学科合作知识创新行为具有显著差异。

表 4 - 4 学科特征对学科合作知识创新行为的影响

		平方和	均方	F 统计量	p 值
学科门类	组内	5169.816	15.072	—	—
	组间	255.549	127.774	8.477	0.000
学科所在区域	组内	777.325	25.665	—	—
	组间	63.279	21.093	0.822	0.482

注：$\alpha = 0.05$，样本 172 个。

学科所在区域变量对学科合作知识创新行为变量的方差分析结果未达到显著，计算出的显著性概率大于 0.05，故接受原假设，即不同地区的学科合作知识创新行为不具有显著差异。这一点可能与人们想象的情况不一致。一般认为，在不同的地区，知识创新活动的参与主体数量和特征存在较大差异，因此，处在不同的地区，学科与外部知识创新主体的合作程度和频率会有一定的差别，但检验结果否定了人们的这一观点。

（四）学科门类和学科所在区域对学科知识创新绩效的影响

表 4 - 5 给出了学科门类和学科所在区域对学科知识创新绩效影响的单因素方差分析结果。从结果分析可知，学科门类变量和学科所在区域变量对学科知识创新绩效变量的方差分析结果均未达到显著，计算出的显著性概率大于 0.05，故接受原假设，即不同门类和不同地区的学科知识创新绩效并无显著差异。

表 4 - 5 学科特征对学科知识创新绩效的影响

		平方和	均方	F 统计量	p 值
学科门类	组内	834.714	2.945	—	—
	组间	5.890	25.757	0.114	0.482
学科所在区域	组内	822.923	25.874	—	—
	组间	17.681	4.420	0.171	0.562

注：$\alpha = 0.05$，样本 172 个。

通过上述分析可知，学科门类的差异对学科知识创新投入、学科合作知识创新行为具有显著影响，对学科独立知识创新行为和学科知识创新绩效无显著影响。学科所在地理位置对学科知识创新投入、学科独立知识创新行为、学科合作知识创新行为和学科知识创新绩效均无显著影响。

五　相关性分析结果与讨论

变量与变量之间的关系可以分为函数关系和相关关系。函数关系是一一对应的关系。但是，变量之间的关系往往不是确定的函数关系。变量之间有密切的关系，但又不是函数关系，这种并非一一对应、不确定的关系称为相关关系。

本书利用 SPSS 分析软件进行相关性分析。SPSS 分析软件提供了二元变量分析、偏相关分析与距离分析三种相关分析方法。二元变量分析是指对两个或两个以上的变量进行两两之间相关系数的计算，从而衡量变量两两之间相关程度的方法。本书将采用二元变量分析方法，检验学科知识创新投入、学科独立知识创新行为、学科合作知识创新行为方式和学科知识创新绩效几个变量之间的关系，对假设模型进行检验。

（一）学科知识创新投入与学科独立知识创新行为的相关关系分析

表4-6给出了学科知识创新投入与学科独立知识创新行为的相关关系分析结果。从表4-6中我们可以看出，学科知识创新投入与独立发表学术论文、独立出版学术著作、独立承担科研项目、独立完成专利授权和成果转让具有显著正相关关系，而与独立打造知识创新平台无显著相关关系。

表4-6　学科知识创新投入与独立知识创新行为的相关关系分析

	人力资源投入	财力资源投入	物力资源投入
独立发表学术论文	0.822 **	0.819 **	0.639 **
独立出版学术著作	0.412 **	0.425 **	0.485 **

续表

	人力资源投入	财力资源投入	物力资源投入
独立承担科研项目	0.622**	0.778**	0.537**
独立打造知识创新平台	0.184	0.278	0.235
独立完成专利授权和成果转让	0.634**	0.388**	0.672**

注：**表示 p<0.01。

（二）学科知识创新投入与学科合作知识创新行为的相关关系分析

表4-7给出了学科知识创新投入与合作知识创新行为的相关关系分析结果。从表4-7中我们可以看出，学科知识创新投入与合作发表学术论文、合作出版学术著作、合作承担科研项目、合作完成专利授权和成果转让具有显著正相关关系，而与打造知识创新平台无显著相关关系。这与学科知识创新投入和学科独立知识创新行为之间的关系类似。

表4-7　学科知识创新投入与合作知识创新行为的相关关系分析

	人力资源投入	财力资源投入	物力资源投入
合作发表学术论文	0.56**	0.719**	0.679**
合作出版学术著作	0.412**	0.425**	0.485**
合作承担科研项目	0.612**	0.846**	0.623**
合作打造知识创新平台	0.134	0.145	0.276
合作完成专利授权和成果转让	0.673**	0.784**	0.478**

注：**表示 p<0.01。

（三）学科独立知识创新行为与学科知识创新绩效的相关关系分析

表4-8给出了学科独立知识创新行为与学科知识创新绩效的相

关关系分析结果。从表 4 - 8 中我们可以看出，学科独立发表学术论文、独立承担科研项目、完成专利授权和成果转让等与学科知识创新绩效高度相关。独立打造知识创新平台和教学与人才培养高度相关，说明知识创新平台是培养高水平创新人才的重要手段。学术队伍建设则主要与学科独立发表学术论文、独立出版学术著作和独立承担科研项目高度相关，这也说明学科中这三种行为是提升学术队伍建设的关键要素。

表 4 - 8　　　　学科独立知识创新行为与学科知识创新绩效的
相关关系分析

	学术队伍建设	教学与人才培养	科学研究
独立发表学术论文	0.465 **	0.019	0.779 **
独立出版学术著作	0.412 **	0.325	0.485 **
独立承担科研项目	0.567 **	0.235	0.834 **
独立打造知识创新平台	0.133	0.568 **	0.457 **
独立获得专利授权和成果转让	0.369	0.258	0.769 **

注：** 表示 $p < 0.01$。

（四）学科合作知识创新行为与学科知识创新绩效的相关关系分析

表 4 -9 给出了学科合作知识创新行为与学科知识创新绩效的相关关系分析结果。从表 4 -9 中我们可以看出，学科合作发表学术论文、合作承担科研项目和合作完成专利授权和成果转让等与学科知识创新绩效高度相关，这与独立知识创新行为高度一致。合作打造知识创新平台和学科教学与人才培养高度相关，说明学科与外单位合作打造知识创新平台是培养高水平创新人才的重要手段。学术队伍建设则主要与学科合作发表学术论文、合作承担科研项目和合作获得专利授权与成果转让等高度相关，这也说明学科中这三种行为是提升学术队伍建设的关键要素。

表 4 – 9　　　　　　　学科合作知识创新行为与学科知识
创新绩效的相关关系分析

	学术队伍建设	教学与人才培养	科学研究
合作发表学术论文	0.674 **	0.127	0.878 **
合作出版学术著作	0.412 **	0.325	0.381
合作承担科研项目	0.567 **	0.235	0.834 **
合作打造知识创新平台	0.133	0.768 **	0.157
合作获得专利授权和成果转让	0.569 **	0.267	0.708 **

注：＊＊表示 p＜0.01。

（五）学科知识创新投入与学科知识创新绩效的相关性分析

表 4 – 10 给出了学科知识创新投入与学科知识创新绩效的相关关系分析结果。从表 4 – 10 中我们可以看出，学科人力资源投入与学术队伍建设和科学研究不相关，说明纯粹人员数量的增加并不能提升学科科研水平和学术队伍建设水平，但是，能提高教学与人才培养水平。财力资源投入的提高能提高学科教学与人才培养水平和科学研究水平。但物力资源投入的提高对学术队伍建设水平无显著影响。

表 4 – 10　　　学科知识创新投入与学科知识创新绩效的相关关系分析

	学术队伍建设	教学与人才培养	科学研究
人力资源投入	0.234	0.645 **	0.132
财力资源投入	0.412 **	0.425 **	0.585 **
物力资源投入	0.322	0.287	0.179

注：＊＊表示 p＜0.01。

六　回归分析结果

通过前一节的相关性分析可知，本书研究的各个因素之间存在一定的显著相关关系，在接下来的研究中，将利用线性回归方法，进一步分析这些因素间的因果关系，分别将学科知识创新投入、学科独立知识创新行为和学科合作知识创行为的各个维度作为自变量，将知识创新绩效作为因变量，进一步探讨它们之间的因果关系，以探索影响因素的各个维度对合作创新绩效的预测能力。回归分析采用 Stepwise 方法。

（一）学科知识创新投入对学科知识创新行为的回归分析

1. 学科知识创新投入作为自变量，学科独立知识创新行为作为因变量的回归分析

表 4 - 11 是学科知识创新投入作为自变量对学科独立知识创新行为的回归分析。从回归结果我们可以知道，学科知识创新投入的回归系数为 0.334，回归系数的显著性概率为 0.012，在 0.05 的显著性水平下显著。因此，学科知识创新投入对学科独立知识创新行为有显著的预测作用，且因为 B 值为正数，所以预测的方向为正向，即学科知识创新活动投入越多，学科独立知识创新策略使用越频繁，假设 H4 - 1 得到验证。

表 4 - 11　学科知识创新投入与学科独立知识创新行为的回归分析

模型	非标准化系数		标准系数	t	p 值
	B	标准误差	试用版		
常数项	33.309	2.303	—	14.354	0.000
学科知识创新投入	0.334	0.406	0.365	7.264	0.012

注：因变量：学科独立知识创新行为。

2. 学科知识创新投入各维度作为自变量，学科独立知识创新行为作为因变量的回归分析

表 4 - 12 是学科知识创新投入各维度作为自变量对学科独立知识创新行为的回归分析。从回归分析结果我们可以知道，得到的自变量的回归系数分别为 0.141、0.229、0.674，全部为正值。其中，学科物力资源投入和财力资源投入的回归系数的显著性检验的结果在 0.05 的显著性水平下显著，而学科人力资源投入的回归系数的显

著性检验结果在 0.05 的显著性水平不显著。假设 H4 - 1a 未得到验证，假设 H4 - 1b 和假设 H4 - 1c 得到了验证。

表 4 - 12　　　　　学科知识创新投入各维度与学科独立知识

创新行为的回归分析

模型	非标准化系数		标准系数	t	p 值
	B	标准误差	试用版		
常数项	2.924	1.497	—	3.631	0.000
人力资源投入	0.141	0.030	247	1.767	0.076
物力资源投入	0.229	0.035	0.193	2.682	0.025
财力资源投入	0.674	0.062	0.146	5.790	0.011

注：因变量：学科独立知识创新行为。

（二）学科知识创新投入与学科合作知识创新行为的回归分析

1. 学科知识创新投入作为自变量，学科合作知识创新行为作为因变量的回归分析

表 4 - 13 是学科知识创新投入作为自变量对合作知识创新行为的回归分析。从回归结果我们可以知道，学科知识创新投入的回归系数为 0.263，回归系数的显著性概率为 0.000，在 0.01 的显著性水平下显著。因此，学科知识创新投入对学科合作知识创新行为有显著的预测作用，且因为 B 值为正数，所以预测的方向为正向，即学科知识创新活动投入越多，学科合作知识创新策略使用越频繁，假设 H4 - 2 得到验证。

表 4 - 13　　　学科知识创新投入与学科合作知识创新行为的回归分析

模型	非标准化系数		标准系数	t	p 值
	B	标准误差	试用版		
常数项	61.798	3.359	—	18.397	0.000
学科知识创新投入	0.263	0.067	0.206	3.909	0.000

注：因变量：学科合作知识创新行为。

2. 学科知识创新投入各维度作为自变量，学科合作知识创新行为作为因变量的回归分析

表 4 - 14 是学科知识创新投入各维度作为自变量对合作知识创新行为的回归分析。从回归分析结果我们可以看出，得到的自变量的回归系数分别为 0. 358、0. 105、0. 119，全部为正值。其中，学科物力资源投入和财力资源投入的回归系数的显著性检验的结果在 0. 01 的显著性水平下显著，而学科人力资源投入的回归系数的显著性检验结果在 0. 05 的显著性水平下不显著。假设 H4 - 2a 未得到验证，假设 H4 - 2b 和假设 H4 - 2c 得到了验证。

表 4 - 14　　学科知识创新投入各维度与学科合作知识
创新行为的回归分析

模型	非标准化系数		标准系数	t	p 值
	B	标准误差	试用版		
常数项	23. 920	1. 722	—	13. 88	0. 000
人力资源投入	0. 358	0. 172	0. 117	6. 209	0. 068
物力资源投入	0. 105	0. 040	0. 138	2. 598	0. 010
财力资源投入	0. 119	0. 034	0. 183	3. 460	0. 001

注：因变量：学科合作知识创新行为。

（三）学科独立知识创新行为与学科知识创新绩效的回归分析

1. 学科独立知识创新行为作为自变量，学科知识创新绩效作为因变量的回归分析

表 4 - 15 是学科独立知识创新行为作为自变量对学科知识创新绩效的回归分析。从回归结果我们可以知道，学科独立知识创新行为的回归系数为 0. 213，回归系数的显著性概率为 0. 000，在 0. 01 的显著性水平下显著。因此，学科独立知识创新行为对学科知识创新绩效有显著的预测作用，且因为 B 值为正数，所以预测的方向为正向，即学科独立知识创新行为越频繁，学科知识创新绩效越高，假设 H4 - 3 得到验证。

表 4 – 15　　学科独立知识创新行为与学科知识创新绩效的回归分析

模型	非标准化系数		标准系数	t	p 值
	B	标准误差	试用版		
常数项	34.023	2.785	—	12.216	0.000
学科知识创新行为	0.213	0.037	0.296	5.745	0.000

注：因变量：学科知识创新绩效。

2. 学科独立知识创新行为各维度作为自变量，学科知识创新绩效作为因变量的回归分析

表 4 – 16 是学科独立知识创新行为各维度作为自变量对学科知识创新绩效的回归分析。从回归分析结果我们可以知道，得到的自变量的回归系数分别为 0.076、0.167、0.123、0.155、0.178，全部为正值。其中，独立发表学术论文、独立出版学术著作和独立承担科研项目的回归系数的显著性检验结果在 0.05 的显著性水平下显著，而学科独立打造知识创新平台与独立完成专利授权和成果转让的回归系数的显著性检验结果在 0.05 的显著性水平下不显著。假设 H4 – 3c 和假设 H4 – 3e 未得到验证，假设 H4 – 3a、假设 H4 – 3b 和假设 H4 – 3d 得到了验证。

表 4 – 16　　学科独立知识创新行为各维度与学科知识
创新绩效的回归分析

模型	非标准化系数		标准系数	t	p 值
	B	标准误差	试用版		
常数项	13.938	1.759	—	7.924	0.000
独立发表学术论文	0.076	0.024	0.171	2.222	0.009
独立出版学术著作	0.167	0.050	0.189	2.350	0.008
独立打造知识创新平台	0.123	0.047	0.141	1.121	0.73
独立承担科研项目	0.155	0.049	0.179	2.792	0.007
独立完成专利授权和成果转让	0.178	0.056	0.191	1.245	0.062

注：因变量：学科知识创新绩效。

（四）学科合作知识创新行为与学科知识创新绩效的回归分析

1. 学科合作知识创新行为作为自变量，学科知识创新绩效作为因变量的回归分析

表4－17是学科合作知识创新行为作为自变量对学科知识创新绩效的回归分析。从回归结果我们可以知道，学科合作知识创新行为的回归系数为0.200，回归系数的显著性概率为0.006，在0.01的显著性水平下显著。因此，学科合作知识创新行为对学科知识创新绩效有显著的预测作用，且因为B值为正数，所以预测的方向为正向，即学科合作知识创新行为越频繁，学科知识创新绩效越高，假设H4－4得到验证。

表4－17 学科合作知识创新行为与学科知识创新绩效的回归分析

模型	非标准化系数		标准系数	t	p值
	B	标准误差	试用版		
常数项	25.782	3.742	—	18.723	0.000
学科知识创新行为	0.200	0.073	0.147	2.742	0.006

注：因变量：学科知识创新绩效。

2. 学科合作知识创新行为各维度作为自变量，学科知识创新绩效作为因变量的回归分析

表4－18是学科合作知识创新行为各维度作为自变量对学科知识创新绩效的回归分析。从回归分析结果我们可以知道，得到的自变量的回归系数分别为0.137、0.221、0.179、0.191、0.184，全部为正值。其中，合作发表学术论文、合作出版学术著作与合作完成专利授权和成果转让的回归系数的显著性检验结果在0.05的显著性水平下显著，而学科合作打造知识创新平台和合作承担科研项目的回归系数的显著性检验结果在0.05的显著性水平下不显著。假设H4－4c和假设H4－4d未得到验证，假设H4－4a、假设H4－4b和假设H4－4e得到了验证。

表 4 - 18　　　　学科合作知识创新行为各维度与学科知识
创新绩效的回归分析

模型	非标准化系数		标准系数	t	p 值
	B	标准误差	试用版		
常数项	19.562	2.013	—	9.720	0.000
合作发表学术论文	0.137	0.027	0.265	5.102	0.000
合作出版学术著作	0.221	0.057	0.217	3.876	0.000
合作打造知识创新平台	0.179	0.053	0.279	2.386	0.053
合作承担科研项目	0.191	0.064	0.278	2.316	0.061
合作完成专利授权和成果转让	0.184	0.052	0.238	2.502	0.029

注：因变量：学科知识创新绩效。

（五）学科知识创新投入与学科知识创新绩效的回归分析

1. 学科知识创新投入作为自变量，学科知识创新绩效作为因变量的回归分析

表 4 - 19 是学科知识创新投入作为自变量对知识创新绩效的回归分析。从回归结果我们可以知道，学科知识创新投入的回归系数为 0.126，回归系数的显著性概率为 0.366，在 0.05 的显著性水平下不显著。因此，学科知识创新投入对学科知识创新绩效无显著的预测作用，假设 H4 - 5 未得到验证。

表 4 - 19　学科知识创新投入与学科知识创新绩效的回归分析

模型	非标准化系数		标准系数	t	p 值
	B	标准误差	试用版		
常数项	3.266	0.228		14.354	0.000
学科知识创新投入	0.126	0.139	0.089	0.907	0.366

注：因变量：学科知识创新绩效。

2. 学科知识创新投入各维度作为自变量，学科知识创新绩效作为因变量的回归分析

表 4-20 是学科知识创新投入各维度作为自变量对知识创新绩效的回归分析。从回归分析结果我们可以知道，得到的自变量的回归系数分别为 0.131、0.220、0.120，全部为正值。其中，学科知识创新人力资源投入和财力资源投入的回归系数的显著性检验结果为在 0.05 的显著性水平下不显著，而学科物力投入的回归系数的显著性检验结果在 0.01 的显著性水平下显著。假设 H4-5a 和假设 H4-5c 未得到验证，假设 H4-5b 得到了验证。

表 4-20　　　学科知识创新投入各维度与学科知识创新绩效的回归分析

模型	非标准化系数		标准系数	t	p 值
	B	标准误差	试用版		
常数	20.156	1.700	—	12.065	0.000
人力资源投入	0.131	0.067	0.095	1.367	0.130
物力资源投入	0.220	0.040	0.284	5.517	0.000
财力资源投入	0.120	0.071	0.088	1.705	0.089

注：因变量：学科知识创新绩效。

对本章假设 H4-1 至假设 H4-5 的回归分析检验结果见表 4-21。

表 4-21　　　　　　　假设检验结果

假设	检验结果
H4-1：学科知识创新投入越多，学科独立知识创新策略使用越频繁	成立
H4-1a：学科知识创新人力资源投入越多，将正向促进学科独立知识创新策略的使用频率	不成立
H4-1b：学科知识创新财力资源投入越多，将正向促进学科独立知识创新策略的使用频率	成立

续表

假设	检验结果
H4－1c：学科知识创新物力资源投入越多，将正向促进学科独立知识创新策略的使用频率	成立
H4－2：学科知识创新投入越多，学科合作知识创新策略使用越频繁	成立
H4－2a：学科知识创新人力资源投入越多，将正向促进学科合作知识创新策略的使用频率	不成立
H4－2b：学科知识创新财力资源投入越多，将正向促进学科合作知识创新策略的使用频率	成立
H4－2c：学科知识创新物力资源投入越多，将正向促进学科合作知识创新策略的使用频率	成立
H4－3：学科独立知识创新策略使用越频繁，学科知识创新绩效越高	成立
H4－3a：学科独立发表学术论文数量越多，将正向促进学科知识创新绩效	成立
H4－3b：学科独立出版学术著作数量越多，将正向促进学科知识创新绩效	成立
H4－3c：学科独自打造知识创新平台数量越多，将正向促进学科知识创新绩效	不成立
H4－3d：学科独立承担科研项目数量越多，将正向促进学科知识创新绩效	成立
H4－3e：学科独立获得专利授权和成果转让数量越多，将正向促进学科知识创新绩效	不成立
H4－4：学科合作知识创新策略使用越频繁，学科知识创新绩效越高	成立
H4－4a：学科合作发表学术论文数量越多，将正向促进学科知识创新绩效	成立
H4－4b：学科合作出版学术著作数量越多，将正向促进学科知识创新绩效	成立
H4－4c：学科合作打造知识创新平台数量越多，将正向促进学科知识创新绩效	不成立
H4－4d：学科合作承担科研项目数量越多，将正向促进学科知识创新绩效	不成立
H4－4e：学科合作获得专利授权和成果转让数量越多，将正向促进学科知识创新绩效	成立
H4－5：学科知识创新投入越多，将正向促进学科知识创新绩效	不成立
H4－5a：学科知识创新人力资源投入越高，将正向促进学科知识创新绩效	不成立
H4－5b：学科知识创新物力资源投入越高，将正向促进学科知识创新绩效	成立
H4－5c：学科知识创新财力资源投入越高，将正向促进学科知识创新绩效	不成立

第三节　学科知识创新方式二元策略组合与
绩效权变关系静态检验

一　研究概念框架

前面已经提到，各个高校都在通过不同的知识创新方式，加强学科建设，并且投入了大量的学科建设资源，虽然取得了一些成效，但是仍存在诸多问题，尤其是地方高校的学科，在建设过程中效果不甚明显。其原因很大程度上在于其知识创新策略不明确。不知道应当加强合作知识创新还是应当侧重于独立知识创新，导致部分学科过分追求与其他单位开展合作知识创新，忽视了独立知识创新对学科发展的基础和支撑作用。部分学科对合作知识创新的重视程度和投入力度不够，导致学科知识创新中的学习能力较差，知识和技术来源渠道不多。不同的学科应当如何寻求最优的知识创新策略组合，是摆在学科管理者和学术研究者面前一个重要而又亟待解决的课题。

目前，国外研究学科知识创新双元策略的文献颇丰。已有研究主要分析双元策略之间的相互影响。例如，学科知识创新活动的知识转移和知识应用行为（多数是分析大学技术转移行为，如以专利申请和获得授权数量代表）对学科知识生产行为（多数是分析大学基础研究成效，如学术出版物数量）的影响，史蒂芬等（2007）、彼得斯和埃茨科维茨（2007）、阿格拉瓦尔和亨德森（2002）、迪克（Dirk，2009）和卡罗斯（2004）研究发现，大学知识转移行为能够有效地促进大学发表学术出版物的行为，两者之间是一种"互补"关系。Fabrizio 和 DiMinin（2008）、Fairweather（2005）、迪克（2009）和埃利萨（Elisa，2008）研究发现，大学开展知识和技术转移活动会腐蚀大学的基础性学术研究，两者之间是一种"替代关系"。埃利萨（2009）通过对文献分析，认为大学与产业合作对大学来讲意味着一个机会成本问题，这种机会成本影响大学研究者，并且间接地影响整个经济系统。大学和产业合作进行知识及技术转移是一把"双刃剑"，如果能利用好，会对大学产生积极的影响；如果处理不当，那么对大学来讲就是无用甚至是有危害的。笔者认为，从政策制定者视角来讲，应当鼓励大学进行知识和技术转移。国内关于这方面的文献较少，我们尚未收集到关于大学知识转移与知识生产关系的相关文献。

另外，大量学者研究了大学教学与科研的关系，即大学知识创新活动中知识生产和知识传播之间的关系。早在17世纪，纽曼就对教学与科研的相互关系做了比较研究："知识发现和传授是两种截然不同的功能；它们是不同的禀赋，并且这些禀赋很难在一个人身上找到。同样，一个人将其现有的知识传授给初学者很可能不会有太多的时间或精力来获取新知识。"他认为，两者是不相关的。近年来，大量学者对教学与科研的关系做了研究，他们之中大部分人认为，教学和科研之间是共生的、相关的，甚至是协同的关系。但是，到目前为止，这些观点并没有得到充分的证据支持；相反，还受到一些人的激烈抨击。同时，一些观点认为，两者之间是独立的、不相关的。而一些激进的观点则认为，教学和科研之间是冲突的、负相关的，甚至有些极端的观点认为，是不可调和的、矛盾的，两者不能并存。约翰·哈蒂和马什（John Hattie and Marsh，1996）曾对两者关系的相关研究文献进行过总结，列出了两者之间三种关系以及十种模型。这三种关系分别是正相关关系、负相关关系和不存在任何关联。格拉汉姆（Graham，2002）进一步对两者之间的关系做了系统总结。他认为，对教学和科研的关系目前有三种较为常见的认识：①"婚姻"关系；②"迫近破裂的婚姻"关系；③学术关系。上述研究只是笔者的经验分析，在定量研究方面，更是数不胜数。利用一些指标代表教学，另一些则表示科研，运用统计数据来分析两者之间的相关系数。如安妮（2005）的研究得出两者之间是较低的正相关关系。罗杰·林德塞（Roger Lindsay，2002）

发现，在一些学科内两者是正相关关系（如社会科学），而在另一些学科内则是不相关的。罗伯特（2000）展示的数据显示，教学和科研之间较低程度的但一直存在的负相关关系。最近的和最完整、彻底的研究当属哈蒂和马什（1996，2003），他们利用元分析方法，对前人的研究进行了总结，得出结论认为，教师的科研行为和教学行为在统计学上是独立的。

上述研究从定性和定量两个角度分析了大学知识创新行为中各种知识创新策略之间的关系，但是，这些研究仅仅单独分析每个知识创新策略对其他知识创新策略及大学绩效的影响，未有文献分析两者之间如果通过一定的方式进行组合是否能够促进大学更好地发展，两者之间平衡到何种程度最优。另外，根据笔者搜索到的文献，尚未发现有学者研究大学及学科合作知识创新行为与独立知识创新行为之间的关系以及这种关系组合对大学及学科知识创新绩效的影响。

本书提出学科知识创新方式二元策略组合，通过分析这种策略组合对学科知识创新绩效的相对影响，为学科领导者和管理者制定本学科知识创新发展策略提供理论分析框架和相应的对策。

我们采用平衡互补理论来建立河北省重点学科知识创新方式二元策略组合与绩效权变关系分析框架（见图 4-3）。我们假定学科采用合作知识创新策略和独立知识创新策略的组合知识创新策略比单独开展其中的一种知识创新方式可以更好地体现两者之间的协同互补作用，并产生更高的学科知识创新绩效，简称学科知识创新方式二元策略组合。学科知识创新方式二元策略组合指的是合作知识创新方式采用频率和独立知识创新方式采用频率在本学科中的比例关系和数量关系。本书拟从知识创新方式二元策略组合平衡尺度和组合尺度两个维度来衡量学科知识创新方式的策略组合。

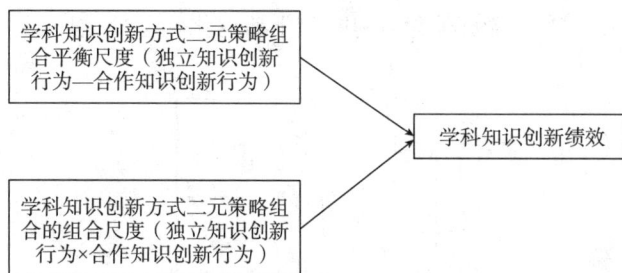

图4-3　学科知识创新方式二元策略组合与绩效权变关系分析框架

二　研究理论观点与假设

学科有效地管理独立知识创新行为和合作知识创新行为，一方面会帮助学科拓宽知识来源渠道，获取更多的外部知识和跨学科知识，并获得额外的经济收益。另一方面，能促进学科独立开展科学研究和知识创新的能力，提高学科自主知识创新水平，避免学科无用的合作创新行为。保持两者之间的有效平衡，能够充分利用学科知识创新资源，并且避免学科在创新过程中的风险。虽然在独立知识创新和合作知识创新之间采用一种双元投资策略是重要的，但学科对独立知识创新和合作知识创新两种策略应平衡到什么程度以及如何使两种知识创新策略同时达到最优仍然没有研究清楚。因此，我们探讨了学科知识创新方式二元投资策略平衡尺度和组合尺度两方面的相互作用以及其对学科知识创新绩效的影响。图4-4显示了独立知识创新策略和合作知识创新策略两种知识创新策略的相互作用。

（一）学科知识创新方式平衡尺度与学科知识创新绩效的关系

我们认为，学科知识创新方式的独立知识创新策略和合作知识创新策略的平衡程度达到较高水平或独立知识创新策略和合作知识创新策略的相对值的近似匹配，可以使学科研究人员在两种创新行为上有效地分配精力、时间、能力和资源，充分实现两种行为相互补充和相互促进的效果，从而更为有效地提高学科知识创新绩效。相反，如果其中一种知识创新行为偏少，可能难以实现对另一种行为的促进，并且导致学科开展这类创新行为的能力不断退化和恶性循环。

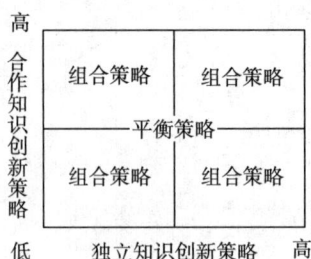

图 4 - 4　两种知识创新策略的相互作用

有研究已经证明，学科知识和技术的转移行为能够有效地促进学科知识生产行为，而这种进行知识生产行为的基础研究活动更多的是依靠独立创新活动。因此，两者之间是一种互补关系。两者之间的良好平衡有利于学科知识创新资源和能力的充分利用及配置，能够显著地提升学科知识创新绩效。因此，提出以下假设：

H4 - 6：平衡的知识创新方式二元策略组合有利于提高学科知识创新绩效。

该假设可以转化为以下 5 个假设。

H4 - 6a：学科独立发表论文行为和合作发表论文行为之间的平衡有利于提高学科知识创新绩效。

H4 - 6b：学科独立出版学术著作行为和合作出版学术著作行为之间的平衡有利于提高学科知识创新绩效。

H4 - 6c：学科独立承担科研项目行为和合作承担科研项目行为之间的平衡有利于提高学科知识创新绩效。

H4 - 6d：学科独立打造知识创新平台行为和合作打造知识创新平台行为之间的平衡有利于提高学科知识创新绩效。

H4 - 6e：学科独立完成专利授权和成果转让行为与合作完成专利授权和成果转让行为之间的平衡有利于提高学科知识创新绩效。

（二）学科知识创新方式组合尺度与学科知识创新绩效的关系

学科知识创新方式二元策略组合尺度的核心内容是达到最优的

组合幅度，最大限度地提高知识创新能力。大量的研究已经表明，学科独立知识创新行为和合作知识创新行为之间不仅仅是相互竞争的，而且是可以相互补充的，两者之间是一种互补关系。而这种互补关系，当学科实现充分的资源利用时，则学科知识创新二元策略组合尺度就会达到最大，从而有效地促进学科知识创新绩效。笔者认为，企业采用学科知识创新方式二元策略组合尺度，对于学科培育自主创新能力、提高学科知识创新绩效是至关重要的，它使学科研究人员将两种不同的创新行为方式有机地结合在一起，保证其有效地互补协同配合。因此，提出了以下假设：

H4-7：联合学科知识创新方式二元策略有利于提高学科知识创新绩效。

该假设可以转化为以下 5 个假设：

H4-7a：联合学科独立发表论文行为和合作发表论文行为有利于提高学科知识创新绩效。

H4-7b：联合学科独立出版学术著作行为和合作出版学术著作行为有利于提高学科知识创新绩效。

H4-7c：联合学科独立承担科研项目行为和合作承担科研项目行为有利于提高学科知识创新绩效。

H4-7d：联合学科独立打造创新平台行为和合作打造创新平台行为有利于提高学科知识创新绩效。

H4-7e：联合学科独立完成专利授权和成果转让行为与合作完成专利授权和成果转让行为有利于提高学科知识创新绩效。

三　数据来源和变量设定

（一）数据来源

本书的数据来源与本章第二节的数据来源一致，都是以 2004 年、2009 年遴选出的河北省省级重点学科为样本，所有数据均来自河北省重点学科参与重点学科评估时的申请材料，再加上河北省强势特色学科（群）覆盖的 36 个省级重点学科。样本数量为：2004 年参与河北省重点学科评估的 74 个重点学科；2009 年参与河北省重点学科评估的 62 个重点学科和河北省强势特色学科（群）主干学科覆盖的 36 个省级重点学科，研究样本数量为 172 个。具体数据来源见本章第二节第三部分，这里不再赘述。

（二）变量设定

在图 4-4 提出的概念模型中，主要研究了两种关系，分别是学科知识创新方式二元策略组合平衡尺度与学科知识创新绩效的关系、学科知识创新方式二元策略组合的组合尺度与学科知识创新绩效的关系。在这两种关系中，学科知识创新方式二元策略组合平衡尺度和学科知识创新方式二元策略组合的组合尺度是自变量，学科知识创新绩效是因变量。

另外，本书还把河北省重点学科的情景因素，如学科门类、学科所在地理位置作为控制变量，分析它们对学科知识创新绩效的影响。

1. 学科知识创新方式二元策略平衡尺度

学科独立知识创新策略是指学科仅依靠学科内部学术研究人员承担上述知识创新活动。合作知识创新是指学科与外部的个人、团队及组织共同承担上述学术论文发表等知识创新活动。学科独立发表学术论文、出版学术著作、承担科研项目、打造知识创新平台、完成专利授权和成果转让成果数量越多，表明学科独立知识创新活动越频繁，学科独立知识创新策略使用越频繁。学科与外部人员合作发表学术论文、出版学术著作、承担科研项目、打造知识创新平台、专利申请和技术转让等成果数量越多，表明学科合作创新活动越频繁，学科合作知识创新策略使用越频繁。

学科知识创新方式二元策略平衡尺度（记为 BD）是独立知识创新策略和合作知识创新策略使用的相对频繁程度。为了测算 BD，我们根据 Cao 等（2009）、He 以及 Wong（2004）的论述，并使用独立知识创新策略和合作知识创新策略绝对差值。绝对差值变化区间为 0—20，那么绝对差值越大，BD 水平就越高。

BD = 20 - |独立知识创新策略利用频率 - 合作知识创新策略利用频率|

根据前面的分析,发表学术论文行为的平衡尺度,出版学术著作的平衡尺度、承担科研项目行为的平衡尺度、打造知识创新平台行为的平衡尺度、专利申请和成果转让行为的平衡尺度均可以利用独立行为的次数和合作创新的次数相减来获得。这些数据均为经过标准化处理的相对值,数据来源和处理方法已经在前面一节分析过,这里不再赘述。

如果分别以 BD1、BD2、BD3、BD4 和 BD5 代表发表学术论文行为的平衡尺度、出版学术著作的平衡尺度、承担科研项目行为的平衡尺度、打造知识创新平台行为的平衡尺度、专利申请和成果转让行为的平衡尺度,则可以表述为:

BD1 = 20 − │独立发表学术论文评价值对数 − 合作发表学术论文评价值对数│

BD2 = 20 − │独立出版学术著作评价值对数 − 合作出版学术著作评价值对数│

BD3 = 20 − │独立承担科研项目评价值对数 − 合作承担科研项目评价值对数│

BD4 = 20 − │独立打造知识创新平台评价值对数 − 合作打造知识创新平台评价值对数│

BD5 = 20 − │独立完成专利授权和成果转让价值对数 − 合作进行专利申请和成果转让价值对数│

2. 学科知识创新方式二元策略组合尺度

学科知识创新方式二元策略组合尺度(记为 CD)涉及一个学科独立知识创新策略和合作知识创新策略的组合程度。笔者认为,一个学科独立知识创新策略和合作知识创新策略使用频率越高,就越能促进彼此之间的互补作用,提高彼此的实施效果。我们用独立知识创新策略和合作知识创新策略的乘积来测算 CD,其计算公式为:

CD = log[独立知识创新策略评价值对数 − 均值(合作知识创新策略评价值对数)] × [合作知识创新策略评价值对数 − 均值(独立知识创新策略评价值对数)]

如果分别以 CD1、CD2、CD3、CD4 和 CD5 代表发表学术论文行为组合尺度、出版学术著作组合尺度、承担科研项目行为组合尺度、打造知识创新平台行为组合尺度、专利申请和成果转让行为组合尺度，则：

CD1 = [独立发表论文评价值对数 − 均值(合作发表论文评价值对数)] × [合作发表论文评价值对数 − 均值(独立发表论文评价值对数)]

CD2 = [独立出版学术著作评价值对数 − 均值(合作出版学术著作评价值对数)] × [合作出版学术著作评价值对数 − 均值(独立出版学术著作评价值对数)]

CD3 = [独立承担科研项目评价值对数 − 均值(合作承担科研项目评价值对数)] × [合作承担科研项目评价值对数 − 均值(独立承担科研项目评价值对数)]

CD4 = [独立打造创新平台评价值对数 − 均值(合作打造创新平台评价值对数)] × [合作打造创新平台评价值对数 − 均值(独立打造创新平台评价值对数)]

CD5 = [独立完成专利授权和成果转让评价值对数 − 均值(合作完成专利授权和成果转让评价值对数)] × [合作完成专利授权和成果转让评价值对数 − 均值(独立完成专利授权和成果转让评价值对数)]

四　单因素方差分析结果

单因素方差分析是指在实际问题的研究中，有时需要考虑某个因素对实验结果的影响。本书中，这些因素主要是两个控制变量，即学科门类和学科所在区域。学科门类是指自然科学类学科、人文与社会科学类学科、工程技术类学科、医药科学类学科和农业科学类学科 5 个门类，学科所在区域指学科所处行政区域，即河北省各个地级市加上天津市。下面分别予以讨论。

（一）学科门类和学科所在区域对学科知识创新方式二元策略组合平衡尺度的影响

表4－22给出了学科门类变量和学科所在区域变量对学科知识创新方式二元策略组合平衡尺度影响的单因素方差分析结果。可以看出，学科门类变量对平衡尺度变量的方差分析结果显著，计算出的显著性概率小于0.05，故拒绝原假设，即不同学科门类的学科知识创新投入具有显著差异。

表4－22 学科特征对平衡尺度的影响

		平方和	均方	F统计量	p值
学科门类	组内	1435.521	12.969	—	
	组间	153.407	51.136	3.943	0.009
学科所在	组内	1576.836	13.344	—	
区域	组间	12.092	6.046	0.453	0.636

注：$\alpha = 0.05$，样本172个。

学科所在区域变量对学科平衡尺度变量的方差分析结果不显著，计算出的显著性概率大于0.05，故接受原假设，即不同地区的学科知识创新投入并无显著差异。

（二）学科门类和学科所在区域对学科知识创新方式二元策略组合的组合尺度的影响

表4－23给出了学科门类变量和学科所在区域变量对学科知识创新方式二元策略组合的组合尺度影响的单因素方差分析结果。可以看出，学科门类变量和学科所在区域变量对组合尺度变量的方差分析结果达到显著，计算出的显著性概率均小于0.05，故拒绝原假设，即不同门类的学科知识创新方式二元策略组合的组合尺度具有显著差异，不同地区的学科知识创新方式二元策略组合的组合尺度具有显著差异。

（三）学科门类和学科所在区域对学科知识创新绩效的影响

学科门类和学科所在区域对学科知识创新绩效的影响已经在本

章第四节进行过论述，研究结果显示，不同门类和不同地区的学科知识创新绩效并无显著差异。这里不再赘述。

表 4 - 23　　　　　　　　　　**学科特征对组合尺度的影响**

		平方和	均方	F 统计量	p 值
学科门类	组内	1462.443	31.621	—	—
	组间	126.485	13.086	2.416	0.049
学科所在区域	组内	4433.485	12.926	—	—
	组间	155.443	77.722	6.013	0.003

注：$\alpha = 0.05$，样本 172 个。

通过上述分析可知，学科门类的差异对学科知识创新方式二元策略平衡尺度和组合尺度均有显著影响，而对学科知识创新绩效无显著影响。学科所在区域的差异对学科知识创新方式二元策略组合的组合尺度有显著影响，而对学科知识创新方式二元策略平衡尺度和学科知识创新绩效无显著影响。

五　相关性分析结果

本部分利用 Pearson 相关分析法检验学科知识创新方式二元策略组合平衡尺度、学科知识创新方式二元策略组合的组合尺度和学科知识创新绩效三者之间的关系，对假设模型进行检验。

（一）学科知识创新方式二元策略组合平衡尺度与学科知识创新绩效的相关关系分析

表 4 - 24 给出了学科知识创新方式二元策略组合平衡尺度与学科知识创新绩效的相关关系分析结果。从表中我们可以看出，学科学术队伍建设、科学研究、教学与人才培养都与 BD1、BD2、BD3 和 BD5 高度相关，而与 BD4 不相关。

（二）学科知识创新方式二元策略组合的组合尺度与学科知识创新绩效的相关关系分析

表 4 - 25 给出了学科知识创新方式二元策略组合的组合尺度与

学科知识创新策略的相关关系分析结果。从表中我们可以看出，学科学术队伍建设、科学研究、教学与人才培养都与 CD1、CD2、CD3 和 CD5 高度相关，而与 CD4 不相关。

表 4 – 24　　　平衡尺度与学科知识创新绩效的相关关系分析

	学术队伍建设	教学与人才培养	科学研究
BD1	0.622**	0.719**	0.639**
BD2	0.412**	0.425**	0.485**
BD3	0.622**	0.778**	0.537**
BD4	0.184	0.278	0.235
BD5	0.634**	0.388**	0.672**

注：** 表示 $p < 0.01$。

表 4 – 25　　　组合尺度与学科知识创新绩效的相关关系分析

	学术队伍建设	教学与人才培养	科学研究
CD1	0.561**	0.519**	0.679**
CD2	0.412**	0.425**	0.485**
CD3	0.612**	0.746**	0.623**
CD4	0.134	0.145	0.276
CD5	0.473**	0.584**	0.478**

注：** 表示 $p < 0.01$。

六　回归分析结果

（一）学科知识创新方式二元策略组合平衡尺度与学科知识创新绩效的回归分析

1. 学科知识创新方式二元策略组合平衡尺度作为自变量，学科知识创新绩效作为因变量的回归分析

表 4 – 26 是学科知识创新方式二元策略组合平衡尺度作为自变量对学科知识创新绩效的回归分析。从回归结果我们可以知道，学

科知识创新方式二元策略组合平衡尺度的回归系数为 0.557，回归系数的显著性概率为 0.000，在 0.01 的显著性水平下显著。因此，学科知识创新方式二元策略组合平衡尺度对学科知识创新绩效有显著的预测作用，且因为 B 值为正数，所以预测的方向为正向，即学科知识创新方式二元策略组合平衡尺度越大，学科知识创新绩效越高，假设 H4 - 6 得到验证。

表 4 - 26　　　　　　平衡尺度与学科知识创新绩效的回归分析

模型	非标准化系数		标准系数	t	p 值
	B	标准误差	试用版		
常数项	1.810	0.254	—	7.120	0.000
平衡尺度（BD）	0.557	0.079	0.485	7.096	0.000

注：因变量：学科知识创新绩效。

2. 学科知识创新方式二元策略组合平衡尺度的各个维度作为自变量，学科知识创新绩效作为因变量的回归分析

表 4 - 27 是学科知识创新方式二元策略组合平稳尺度各维度作为自变量对知识创新行为的回归分析。从回归分析结果我们可以知道，得到的自变量的回归系数分别为 0.087、0.492、0.061、0.196、0.009，全部为正值。其中，BD1、BD2、BD3 和 BD4 的回归系数的显著性检验结果在 0.05 的显著性水平下显著，而 BD5 的回归系数的显著性检验结果在 0.05 的显著性水平下不显著。假设 H4 - 6a、假设 H4 - 6b、假设 H4 - 6c、假设 H4 - 6d 得到验证，假设 H4 - 6e 未得到验证。

（二）学科知识创新方式二元策略组合的组合尺度与学科知识创新绩效的回归分析

1. 学科知识创新方式二元策略组合的组合尺度作为自变量，学科知识创新绩效作为因变量的回归分析

表 4 - 28 是学科知识创新方式二元策略组合的组合尺度作为自

变量对学科知识创新绩效的回归分析。从回归结果我们可以知道，学科知识创新方式二元策略组合的组合尺度的回归系数为 0.263，回归系数的显著性概率为 0.000，在 0.01 的显著性水平下显著。因此，学科知识创新方式二元策略组合的组合尺度对学科知识创新绩效有显著的预测作用，且因为 B 值为正数，所以预测的方向为正向，即学科知识创新方式二元策略组合的组合尺度越大，学科知识创新绩效越高，假设 H4 − 7 得到验证。

表 4 − 27　　平衡尺度各维度与学科知识创新绩效的回归分析

模型	非标准化系数		标准系数	t	p 值
	B	标准误差	试用版		
常数项	0.657	0.329	—	1.999	0.047
BD1	0.087	0.120	0.061	0.724	0.039
BD2	0.492	0.095	0.411	5.175	0.000
BD3	0.061	0.110	0.052	0.552	0.042
BD4	0.196	0.077	0.199	2.554	0.012
BD5	0.009	0.076	0.009	0.117	0.067

注：因变量：学科知识创新绩效。

表 4 − 28　　组合尺度与学科知识创新绩效的回归分析

模型	非标准化系数		标准系数	t	p 值
	B	标准误差	试用版		
常数项	61.798	3.359	—	18.397	0.000
组合尺度	0.263	0.067	0.206	3.909	0.000

注：因变量：学科知识创新绩效。

2. 学科知识创新方式二元策略组合的组合尺度的各个维度作为自变量，学科知识创新绩效作为因变量的回归分析

表 4 − 29 是学科知识创新方式二元策略组合的组合尺度的各维度作为自变量对合作知识创新行为的回归分析。从回归分析结果我

们可以知道，得到的自变量的回归系数分别为 0.087、0.492、0.061、0.196、0.119，全部为正值。其中，CD1、CD2、CD3 和 CD5 的回归系数的显著性检验结果在 0.05 的显著性水平下显著，而 CD4 的回归系数的显著性检验结果在 0.05 的显著性水平下不显著。假设 H4 – 7a、假设 H4 – 7b、假设 H4 – 7c、假设 H4 – 7e 得到验证，假设 H4 – 7d 未得到验证。

表 4 – 29   组合尺度各维度与学科知识创新绩效的回归分析

模型	非标准化系数		标准系数	t	p 值
	B	标准误差	试用版		
常数	0.657	0.329	—	1.999	0.047
CD1	0.087	0.120	0.061	0.724	0.039
CD2	0.492	0.095	0.411	5.175	0.000
CD3	0.061	0.110	0.052	0.552	0.042
CD4	0.196	0.077	0.199	0.501	0.052
CD5	0.119	0.034	0.183	3.460	0.001

注：因变量：学科知识创新绩效。

各个假设的检验结果见表 4 – 30 所示。

表 4 – 30   假设检验结果

假设	检验结果
H4 – 6：平衡的知识创新方式二元策略组合有利于提高学科知识创新绩效	成立
H4 – 6a：学科独立发表论文行为和合作发表论文行为之间的平衡有利于提高学科知识创新绩效	成立
H4 – 6b：学科独立出版学术著作行为和合作出版学术著作行为之间的平衡有利于提高学科知识创新绩效	成立
H4 – 6c：学科独立承担科研项目行为和合作承担科研项目行为之间的平衡有利于提高学科知识创新绩效	成立
H4 – 6d：学科独立打造知识创新平台和合作打造知识创新平台行为之间的平衡有利于提高学科知识创新绩效	不成立

续表

假设	检验结果
H4-6e：学科独立完成专利授权和成果转让行为与合作完成专利授权和成果转让行为之间的平衡有利于提高学科知识创新绩效	成立
H4-7：联合学科知识创新方式二元策略有利于提高学科知识创新绩效	成立
H4-7a：联合学科独立发表论文行为和合作发表论文行为利于提高学科知识创新绩效	成立
H4-7b：联合学科出版学术著作行为和合作出版学术著作行为有利于提高学科知识创新绩效	成立
H4-7c：联合学科独立承担科研项目行为和合作承担科研项目行为有利于提高学科知识创新绩效	成立
H4-7d：联合学科独立打造知识创新平台行为和合作打造创新平台行为有利于提高学科知识创新绩效	不成立
H4-7e：联合学科独立完成专利授权和成果转让行为与合作完成专利授权和成果转让行为有利于提高学科知识创新绩效	成立

第四节 学科知识创新方式二元策略组合与绩效权变关系动态检验

一 研究目的和思路

河北省自 1992 年实施"双重工程"（重点大学和重点学科）以来，河北省重点学科建设已经走过了 20 年的发展历程。重点学科建设作为教育主管部门促进高校学科发展和高校发展的一项重要战略和举措，取得了辉煌的成就，有效地促进了学科的发展和学校综合实力的提升。河北省教育厅为激励和促进学科有序发展，克服学科建设中的问题，河北省教育厅也于 1999 年、2004 年和 2009 年对河北省重点学科以及重点发展学科进行了三次系统的评估。这些评估为我们研究学科发展历程提供了很好的借鉴作用和数据资料支撑。

　　前面提出了学科知识创新方式二元策略组合与学科知识创新绩效关系分析框架,研究并测定了河北省重点学科知识方式的独立知识创新策略和合作知识创新策略对学科知识创新绩效的影响以及河北省重点学科知识创新方式中的独立知识创新策略和合作知识创新策略之间的最佳平衡点。这些研究都是从静态上观察特定时点上的权变关系,得出了有益的结论。但是,从时间发展序列上看,河北省不同的重点学科知识创新方式二元策略组合呈现怎样的变化规律和变化趋势,未来的发展趋势是怎样的?是否高水平的学科知识创新方式二元策略组合的平衡尺度和组合尺度总是能带来高水平的学科知识创新绩效?随着时间的迁移,两者之间关系是否在发生着变化?这些问题都有待于进一步从历史和演化的角度来进行分析。

　　基于上述问题,本章拟从学科发展历程回顾的角度,分析学科发展的状态和规律,观察学科知识创新方式二元策略组合的变化规律和变化趋势,寻求学科知识创新方式二元策略组合平衡尺度及组合尺度与学科知识创新绩效的长期关系和变化规律。

　　本部分的研究思路是:首先,提出研究问题和分析研究目的。其次,分析选择研究方法,选择马尔科夫状态转移模型作为分析学科知识创新方式二元策略组合与学科知识创新绩效关系的工具,并假定学科知识创新方式二元策略组合平衡尺度是学科在特定时点上的知识创新二元策略组合的一种状态,并分析这种状态的转化以及状态与学科知识创新绩效的关系。最后,分析归纳学科知识创新方式二元策略组合与学科知识创新绩效的动态关系。由于篇幅有限,本书只进行学科知识创新方式二元策略组合平衡尺度转移过程以及与学科知识创新绩效的关系分析,学科知识创新方式二元策略组合的组合尺度的状态转移过程分析将在以后的研究中予以分析。

二　研究方法和研究前提设定

(一)马尔科夫状态转移模型

1. 马尔科夫过程

马尔科夫过程是一种典型的随机过程。该过程是研究一个系统

（如一个地区、一个工厂）的状况及其转移的理论。它是通过对不同状态的初始概率以及状态之间的转移概率的研究，来确定状态的变化趋势，从而达到对未来进行预测的目的。

马尔科夫过程有两个基本特征：一是"无后效性"，即事物将来的状态及其出现的概率的大小，只取决于该事物现在所处的状态，而与以前时间的状态无关；二是"遍历性"，是指不管事物现在出于什么状态，在较长时间内，马尔科夫过程逐渐趋于稳定状况，而且与初始状况无关。

用数学语言描述马尔科夫过程就是：

设 $X(t)$，$t \in T$ 为随机过程，若在 t_1，t_2，$\cdots$，t_{n-1}，t_n（$t_1 < t_2 < \cdots < t_{n-1} < t_n \in T$）时刻，对 $X(t)$ 观测得到相应的观测值 x_1，x_2，$\cdots$，x_{n-1}，x_n，满足条件：

$$P\{X(t_n) \leqslant x_n \mid X(t_{n-1}) = x_{n-1}, X(t_{n-2}) = x_{n-2}, \cdots, X(t_1) = x_1\}$$
$$= P\{X(t_n) \leqslant x_n \mid X(t_{n-1}) = x_{n-1}\}$$

或 $F_X(x_n; t_n \mid x_{n-1}, x_{n-2}, \cdots, x_2, x_1; t_{n-1}, t_{n-2}, \cdots, t_2, t_1) = F_X(x_n; t_n \mid x_{n-1}; t_{n-1})$

则称此类过程为具有马尔科夫性质的过程或马尔科夫过程，简称马氏过程。其中，$F_X(x_n; t_n \mid x_{n-1}, x_{n-2}, \cdots, x_2, x_1; t_{n-1}, t_{n-2}, \cdots, t_2, t_1)$ 表示在 $X(t_{n-1}) = x_{n-1}$，$X(t_{n-2}) = x_{n-2}$，$\cdots$，$X(t_1) = x_1$ 的条件下 $X(t_n)$ 取 x_n 值的条件分布函数。

若把 t_{n-1} 时刻看成"现在"，因为 $t_1 < t_2 < \cdots < t_{n-1} < t_n$，则 t_n 就可以看成"将来"，t_1，t_2，$\cdots$，t_{n-2} 就当作"过去"。因此，上述定义可表述为现在的状态 $X(t_{n-1})$ 取值为 x_{n-1} 的条件下，将来状态 $X(t_n)$ 的取值与过去状态 $X(t_1)$，$X(t_2)$，$\cdots$，$X(t_{n-2})$ 的取值是无关的。

2. 马尔科夫链

马尔科夫链是指时间和状态参数都是离散的马尔科夫过程，是最简单的马尔科夫过程。也就是说，一般的马尔科夫过程所研究的时间是无限的，是连续变量，其数值是连续不断的，相邻两值之间可做无限分割，且做研究的状态也是无限多的。而马尔科夫链的时间参数取离散数值。在经济预测中，一般的时间取日、月、季、年。同时，马尔科夫链的状态也是有限的，只有可列个状态。例如，市场销售状态可取"畅销"和"滞销"两种。用蛙跳的例子来说明就是：假定池中有 N 张荷叶，编号为 1，2，3，…，N，即蛙跳可能有 N 个状态（状态确知且离散）。青蛙所属荷叶，为它目前所处的状态。因此，它未来的状态只与现在所处状态有关，而与以前的状态无关（无后效性成立）。

用数学语言描述为：

若随机过程 X(n)，n∈T 满足条件：

（1）时间集合取非负整数集 T = {0，1，2，…} 对应每个时刻，状态空间是离散集，记作 E = {E_0，E_1，E_2，…}，即 X(n) 是时间状态离散的。

（2）对任意的整数 n∈T，条件概率满足：

$$P\{X(n+1) = E_{n+1} \mid X(n) = E_n, X(n-1) = E_{n-1}, \cdots, X(0) = E_0\} = P\{X(n+1) = E_n \mid X(n) = E_n\}$$

则称 X(n)，n∈T 为马尔科夫链，并记为：

$$P_{ij}^{(k)} = = P\{X(m+k) = E_j \mid X(m) = E_i\}, (E_i, E_j \in E)$$

表示在时刻 m，系统处于状态 E_i 的条件下，在时刻 m + k，系统处于状态 E_j 下的概率。

条件概率等式，即 X(n) 在时间 m + k 的状态 X(m + k) = E_j 的概率只与时刻 m 的状态 X(m) = E_i 有关，而与 m 时以前的状态无关，它就是马尔科夫链的数学表达式之一。

3. 状态转移概率及其转移概率矩阵

（1）一步转移概率矩阵。假设系统的状态空间为 E = {E_1，E_2，…，E_n}，而每一个时间系统只能处于其中一个状态，因此，每一个状态都有 n 个转向（包括转向自身），即：

$$E_i \rightarrow E_1, E_i \rightarrow E_2, \cdots, E_i \rightarrow E_i, \cdots, E_i \rightarrow E_n$$

在 m 时刻系统处于状态 E_i 的条件下，在 m + k 时刻系统处于状态 E_j 下的条件概率可表示为：

$$p_{ij}^{(k)} = = P\{X(m+k) = E_j \mid X(m) = E_i\}，（E_i，E_j \in E）$$

特别地，当 k = 1 时，$p_{ij} = = P\{X(m+1) = E_j \mid X(m) = E_i\}$，$(E_i，E_j \in E)$，即系统在 m 时刻系统处于状态 E_i 的条件下，在 m + 1 时刻系统处于状态 E_j 下的条件概率，称为由状态 E_i 经一次转移到状态 E_j 的转移概率。系统所有状态的一步转移概率的集合所组成的矩阵称为一步状态转移概率矩阵。其形式如下：

$$P = \begin{array}{c} \\ E_1 \\ E_2 \\ \vdots \\ E_n \end{array} \begin{array}{cccc} E_1 & E_2 & \cdots & E_n \\ \begin{pmatrix} p_{11} & p_{12} & \cdots & p_{1n} \\ p_{21} & p_{22} & \cdots & p_{2n} \\ \vdots & \vdots & \ddots & \vdots \\ p_{n1} & p_{n2} & \cdots & p_{nn} \end{pmatrix} \end{array}$$

此矩阵具有以下两个性质：

①非负性：$p_{ij} \geqslant 0$，i，j = 1，2，…，n

②行元素和为 1，即 $\sum_{j=1}^{n} p_{ij} = 1$，i = 1,2,…,n

（2）k 步转移概率矩阵。由一步转移概率的定义可知，k 步转移概率就是系统由状态 E_i 经 k 次转移到状态 E_j 的概率，即可表示为：

$$p_{ij}^{(k)} = = P\{X(m+k) = E_j \mid X(m) = E_i\}，（E_i，E_j \in E）$$

因此，系统的 k 步转移概率矩阵就是由所有状态的 k 步转移概率集合所组成的矩阵。其形式如下：

$$P^{(k)} = \begin{array}{c} \\ E_1 \\ E_2 \\ \vdots \\ E_n \end{array} \begin{array}{cccc} E_1 & E_2 & \cdots & E_n \\ \begin{pmatrix} p_{11}^{(k)} & p_{12}^{(k)} & \cdots & p_{1n}^{(k)} \\ p_{21}^{(k)} & p_{22}^{(k)} & \cdots & p_{2n}^{(k)} \\ \vdots & \vdots & \ddots & \vdots \\ p_{n1}^{(k)} & p_{n2}^{(k)} & \cdots & p_{nn}^{(k)} \end{pmatrix} \end{array}$$

此矩阵具有以下两个性质：

①非负性：$p_{ij}^{(k)} \geqslant 0$，i，j = 1，2，…，n

②行元素和为1，即 $\sum\limits_{j=1}^{n} p_{ij}^{(k)} = 1, i = 1, 2, \cdots, n$

由于 k 步转移概率矩阵的概念，我们可知：

$$P^{(k)} = P^k = P \cdot P \cdot \cdots \cdot P$$

（二）研究前提

本书提出以下前提假定：

（1）本书中，时间参数为年，状态参数有 1 个：学科知识创新二元策略组合平衡尺度，时间和状态参数都是离散的马尔科夫过程。

（2）学科知识创新方式二元策略平衡尺度分别有 5 个维度：

①发表学术论文行为二元策略组合平衡尺度，即独立发表学术论文行为和合作发表学术论文行为之间的平衡尺度，计算方法见本书第四章第三节第三部分中的 BD1；

②出版学术著作行为二元策略组合平衡尺度，即独立出版学术著作行为和合作出版学术著作行为之间的平衡尺度，计算方法见本书第四章第三节第三部分中的 BD2；

③承担科研项目行为二元策略组合平衡尺度，即独立承担科研项目行为和合作承担科研项目行为之间的平衡尺度，计算方法见本书第四章第三节第三部分中的 BD3；

④打造知识创新平台行为二元策略组合平衡尺度，即独立打造知识创新平台行为和合作打造知识创新平台行为之间的平衡尺度，计算方法见本书第四章第三节第三部分中的 BD4；

⑤专利授权和成果转让行为二元策略组合平衡尺度，即独立完成专利授权和成果转让行为与合作完成专利授权和成果转让行为之间的平衡尺度，计算方法见本书第四章第三节第三部分中的 BD5；

限于篇幅关系，本书只研究发表学术论文行为二元策略平衡尺度状态转移特征，即只分别计算 BD1。之所以以 BD1 为研究对象，主要有以下两个原因：

（1）即使学科类型存在较大差异，知识创新活动的重点不一样，但是，发表学术论文是每个学科最为基本的知识创新行为，也是衡量学科知识创新绩效的最基本的指标，这一点国内外学者已有公论。

（2）相对于其他知识创新活动，学科发表论文数量一般都比较多，且数量变化相对较为稳定，很少出现大的波动。

三　研究数据

本部分研究数据和研究样本与本章第三节有关内容，对 BD1 和 CD1 的计算方法与前面相同。

下面介绍 BD1 状态在 2000—2009 年的转换特征及其与学科知识创新绩效的关系。

四　学科知识创新二元策略组合与绩效动态关系检验

（一）样本分组情况

1. 各组样本数

根据 BD1 的计算公式，BD1 值应在 0—20 之间，值越大，则学科独立发表学术论文行为与合作发表学术论文行为之间的关系越平衡，即发表学术论文数量越接近。本书分组时充分考虑 BD1 值的实际情况，将样本数据按照 0—20 的间距分为 5 组，也就是 5 个状态，第五组 BD1 最平衡，依次递减，第一组 BD1 最不平衡。各组学科数量及历年变化趋势见表 4 - 31 和图 4 - 5。可以看出，大部分学科处于第二组和第三组，这两组的学科数量占全部学科数量的比例历年都超过了 50%，学科状态处在第五组的学科数量最少，说明真正实现均衡的学科数量还不是特别多。从各组学科数量的变化趋势来看，

表 4 - 31　　　　　　　　　各组学科数量

年份	2000	2001	2002	2003	2004	2005	2006	2007	2008	2009
第一组	19	19	14	10	10	13	12	14	12	10
第二组	25	27	27	22	23	24	28	19	26	23
第三组	20	22	25	29	30	34	32	32	28	31
第四组	8	5	6	11	10	19	19	25	22	22
第五组	2	1	2	2	1	8	7	8	10	12

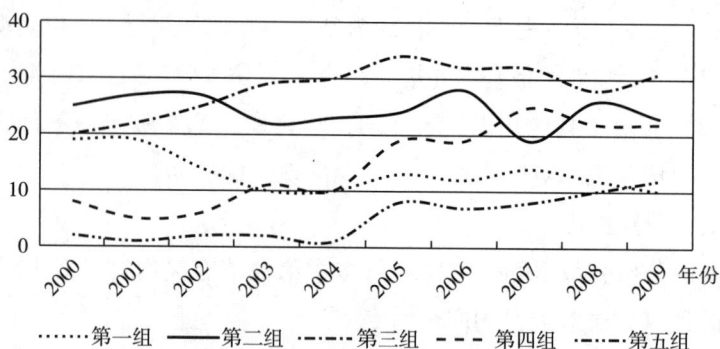

图4-5　2000—2009年各组数量变化趋势

第五组和第四组学科数量在不断增多，虽然样本数量在不断提高，总体来说，学科的平衡尺度在不断增强。

2. 各组均值

表4-32和图4-6给出了各组学科的BD1均值及变化情况。可以看出，BD1均值数值不高，第五组均值不超过17个，而学科数量最多的第二组和第三组均值分别不超过7个和10个，说明大部分学科的均值都在10个以下，处于不平衡发展状态。另外，各组均值在10年间变化趋势较为平坦，说明各组学科状态都较为稳定。第五组变化趋势有些波折，说明有一部分平衡程度比较高的学科在不断涌现。

表4-32　　　　　　　　各组学科 BD1 均值　　　　　　　单位：个

年份	2000	2001	2002	2003	2004	2005	2006	2007	2008	2009
第一组	3.86	3.36	3.24	3.70	3.36	4.00	3.56	3.90	3.62	3.50
第二组	6.53	6.04	6.35	6.41	6.52	6.41	6.61	6.42	6.48	6.37
第三组	9.06	9.35	9.24	9.36	9.25	9.24	9.47	9.32	9.21	9.58
第四组	12.05	12.26	12.62	11.84	12.34	12.47	12.50	12.39	12.35	12.44
第五组	14.52	14.29	15.59	15.12	14.29	14.29	16.23	15.26	15.25	15.44

（二）各年转移学科数量及转移概率

表4-33至表4-42给出了2000—2009年逐年发生转移的学科

数量和学科转移概率。综合分析逐年的转移概率，可以发现学科状态转移过程具有以下特征：

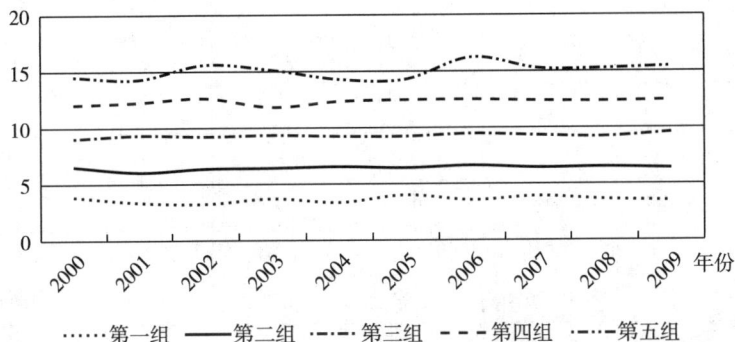

……第一组 ——第二组 ·—·第三组 - - -第四组 ·—·第五组

图 4 - 6 2000—2009 年各组均值变化趋势

（1）学科状态总是向相邻状态转移。说明在转移概率矩阵对角线周围的概率值比较高，而转移概率矩阵中左下角和右上角的值都为 0，很少有学科状态发生大的变化。这说明各学科的平衡状态在随时间变化而变化的比较稳定，学科知识创新方式策略很少有大的变化。

表 4 - 33 2000—2001 年学科转移数量及概率

	第一组	第二组	第三组	第四组	第五组
第一组（个）	12	9	0	0	0
第二组（个）	3	16	7	0	0
第三组（个）	4	2	11	4	0
第四组（个）	1	2	4	1	1
第五组（个）	0	0	1	1	0
	第一组	第二组	第三组	第四组	第五组
第一组（%）	57.14	42.86	0.00	0.00	0.00
第二组（%）	11.54	61.54	26.92	0.00	0.00
第三组（%）	19.05	9.52	52.38	19.05	0.00
第四组（%）	11.11	22.22	44.44	11.11	11.11
第五组（%）	0.00	0.00	50.00	50.00	0.00

注：因为计算过程中的四舍五入，所以各分项百分比之和，有时不等于 100%。下同。

表 4 – 34 2001—2002 年学科转移数量及概率

	第一组	第二组	第三组	第四组	第五组
第一组（个）	8	9	3	0	0
第二组（个）	6	13	10	0	0
第三组（个）	1	5	13	4	0
第四组（个）	0	1	1	3	1
第五组（个）	0	0	0	0	1
	第一组	第二组	第三组	第四组	第五组
第一组（％）	40.00	45.00	15.00	0.00	0.00
第二组（％）	20.69	44.83	34.48	0.00	0.00
第三组（％）	4.35	21.74	56.52	17.39	0.00
第四组（％）	0.00	16.67	16.67	50.00	16.67
第五组（％）	0.00	0.00	0.00	0.00	100.00

表 4 – 35 2002—2003 年学科转移数量及概率

	第一组	第二组	第三组	第四组	第五组
第一组（个）	8	6	1	0	0
第二组（个）	4	10	11	2	1
第三组（个）	0	7	16	4	0
第四组（个）	0	0	2	5	0
第五组（个）	0	0	0	1	1
	第一组	第二组	第三组	第四组	第五组
第一组（％）	53.33	40.00	6.67	0.00	0.00
第二组（％）	14.29	35.71	39.29	7.14	3.57
第三组（％）	0.00	25.93	59.26	14.81	0.00
第四组（％）	0.00	0.00	28.57	71.43	0.00
第五组（％）	0.00	0.00	0.00	50.00	50.00

表 4 – 36 　　　　　　　　2003—2004 年学科转移数量及概率

	第一组	第二组	第三组	第四组	第五组
第一组（个）	8	4	0	0	0
第二组（个）	2	14	7	0	0
第三组（个）	0	4	22	4	0
第四组（个）	0	2	2	7	1
第五组（个）	0	0	2	0	0
	第一组	第二组	第三组	第四组	第五组
第一组（%）	66.67	33.33	0.00	0.00	0.00
第二组（%）	8.70	60.87	30.43	0.00	0.00
第三组（%）	0.00	13.33	73.33	13.33	0.00
第四组（%）	0.00	16.67	16.67	58.33	8.33
第五组（%）	0.00	0.00	100.00	0.00	0.00

表 4 – 37 　　　　　　　　2004—2005 年学科转移数量及概率

	第一组	第二组	第三组	第四组	第五组
第一组（个）	5	3	2	0	0
第二组（个）	3	13	7	1	0
第三组（个）	1	7	18	7	0
第四组（个）	0	0	4	6	1
第五组（个）	0	0	0	1	0
	第一组	第二组	第三组	第四组	第五组
第一组（%）	50.00	30.00	20.00	0.00	0.00
第二组（%）	12.50	54.17	29.17	4.17	0.00
第三组（%）	3.03	21.21	54.55	21.21	0.00
第四组（%）	0.00	0.00	36.36	54.55	9.09
第五组（%）	0.00	0.00	0.00	100.00	0.00

表 4 – 38 2005—2006 年学科转移数量及概率

	第一组	第二组	第三组	第四组	第五组
第一组（个）	3	6	0	0	0
第二组（个）	5	13	5	0	0
第三组（个）	0	5	18	7	1
第四组（个）	0	0	5	8	2
第五组（个）	0	0	0	1	0
	第一组	第二组	第三组	第四组	第五组
第一组（%）	33.33	66.67	0.00	0.00	0.00
第二组（%）	21.74	56.52	21.74	0.00	0.00
第三组（%）	0.00	16.13	58.06	22.58	3.23
第四组（%）	0.00	0.00	33.33	53.33	13.33
第五组（%）	0.00	0.00	0.00	100.00	0.00

表 4 – 39 2006—2007 年学科转移数量及概率

	第一组	第二组	第三组	第四组	第五组
第一组（个）	6	2	0	0	0
第二组（个）	6	9	8	1	0
第三组（个）	0	4	16	7	1
第四组（个）	0	0	4	11	1
第五组（个）	0	0	0	2	1
	第一组	第二组	第三组	第四组	第五组
第一组（%）	75.00	25.00	0.00	0.00	0.00
第二组（%）	25.00	37.50	33.33	4.17	0.00
第三组（%）	0.00	14.29	57.14	25.00	3.57
第四组（%）	0.00	0.00	25.00	68.75	6.25
第五组（%）	0.00	0.00	0.00	66.67	33.33

表 4 - 40　　　　　　2007—2008 年学科转移数量及概率

	第一组	第二组	第三组	第四组	第五组
第一组（个）	7	4	1	0	0
第二组（个）	5	8	2	0	0
第三组（个）	0	7	17	4	0
第四组（个）	0	2	2	12	5
第五组（个）	0	0	0	0	3
	第一组	第二组	第三组	第四组	第五组
第一组（%）	58.33	33.33	8.33	0.00	0.00
第二组（%）	33.33	53.33	13.33	0.00	0.00
第三组（%）	0.00	25.00	60.71	14.29	0.00
第四组（%）	0.00	9.52	9.52	57.14	23.81
第五组（%）	0.00	0.00	0.00	0.00	100.00

表 4 - 41　　　　　　2008—2009 年学科转移数量及概率

	第一组	第二组	第三组	第四组	第五组
第一组（个）	6	6	0	0	0
第二组（个）	0	14	5	2	0
第三组（个）	0	3	18	1	0
第四组（个）	0	0	4	10	2
第五组（个）	0	0	0	4	4
	第一组	第二组	第三组	第四组	第五组
第一组（%）	50.00	50.00	0.00	0.00	0.00
第二组（%）	0.00	66.67	23.81	9.52	0.00
第三组（%）	0.00	13.64	81.82	4.55	0.00
第四组（%）	0.00	0.00	25.00	62.50	12.50
第五组（%）	0.00	0.00	0.00	50.00	50.00

（2）转移矩阵中各年转移概率为非对称矩阵。说明本级向上一级转移的概率和由本级向下一级转移的概率为非对称关系，也就是

说，各年学科向上一等级转移的概率和向下一级转移的概率明显不等。

表 4-42　　　　　　　2000—2009 年学科转移数量及概率

	第一组	第二组	第三组	第四组	第五组
第一组（个）	3	11	6	1	0
第二组（个）	2	7	11	5	1
第三组（个）	1	4	5	6	5
第四组（个）	0	1	4	4	0
第五组（个）	0	0	1	1	0
	第一组	第二组	第三组	第四组	第五组
第一组（%）	14.29	52.38	28.57	4.76	0.00
第二组（%）	7.69	26.92	42.31	19.23	3.85
第三组（%）	4.76	19.05	23.81	28.57	23.81
第四组（%）	0.00	11.11	44.44	44.44	0.00
第五组（%）	0.00	0.00	50.00	50.00	0.00

（3）转移矩阵各组对角线的概率最高。也就是说，当年处在第 i 等级、下一年仍在第 i 等级的概率最大，也说明学科状态转换并不明显，各个学科知识创新方式都比较稳定。

（4）10 年间，当年处于第一组、下一年仍然处于第一组，都处在高位，而当年处于第五组、下一年仍然处于第五组，一直处于低位，这种高等级的转移概率值表明改变自身状态较困难，低等级的转移概率值表明很容易改变自身状态。

（5）从转移矩阵来看，向上（高等级）一步转移的概率略大于向下转移的概率。在向上转移的过程中第一组向上转移的能力较小，在向下转移的过程中最高等级组一步向下转移的能力最大，多步转移的概率显著降低。

（6）转化矩阵中第一列数值和第二列数值都比较小，说明整体学科状态是向高等级的平衡转移，那些处在低等级平衡状态的学科在不断减少。学科正朝着较高等级的平衡状态迈进。

（7）各年份中状态处于第二组和第三组的学科数量最多，这两组所占比例超过了 50%，说明河北省重点学科总体上平衡程度还有待于进一步提高。

（三）不同门类学科转移过程与特征

1. 自然科学类学科

表 4 - 43 和表 4 - 44 给出了自然科学类学科 BD1 分布在各组的数量和均值。通过分析可以看出，在学科建设早期，主要分布在前两组，说明以独立发表学术论文为主，从各组均值上，学科总体均处于上升趋势，说明随着学科建设工作不断推进，与外部合作行为不断加强。

表 4 - 43　　　　　　　　　　各组学科数量　　　　　　　　单位：个

年份	2000	2001	2002	2003	2004	2005	2006	2007	2008	2009
第一组	3	4	0	1	0	3	1	1	0	0
第二组	5	3	9	4	5	1	3	1	3	3
第三组	1	1	0	4	4	3	3	5	5	5
第四组	1	2	1	1	0	3	1	2	1	1
第五组	0	0	0	0	1	0	2	1	1	1

表 4 - 44　　　　　　　　　各组学科 BD1 均值　　　　　　　单位：个

年份	2000	2001	2002	2003	2004	2005	2006	2007	2008	2009
第一组	3.04	3.88	0.00	3.04	0.00	4.68	3.92	4.94	0.00	0.00
第二组	6.39	5.26	6.19	6.26	6.67	6.33	6.39	6.67	6.25	5.92
第三组	8.00	10.37	0.00	9.47	9.03	9.72	9.97	9.83	9.27	9.36
第四组	12.24	11.69	11.67	12.17	0.00	12.52	11.01	12.73	12.38	11.63
第五组	0.00	0.00	0.00	0.00	14.29	0.00	15.39	16.15	16.47	16.00

表 4 – 45 给出了 2000—2009 年经过 9 步转移过程，自然科学类学科发生转移的学科数量和转移概率。可以看出，大部分学科状态都发生了转移。并且，发生转移的学科都处在对角线的右上角，说明学科总体是都是向更高等级的学科状态转移，只有一个学科向低等级状态转移，也说明学科与外部合作在不断加强。

表 4 – 45　　　　2000—2009 年学科转移数量及概率

	第一组	第二组	第三组	第四组	第五组
第一组（个）	0	1	1	1	0
第二组（个）	0	2	3	0	0
第三组（个）	0	0	0	0	1
第四组（个）	0	0	1	0	0
第五组（个）	0	0	0	0	0
	第一组	第二组	第三组	第四组	第五组
第一组（%）	0.00	33.33	33.33	33.33	0.00
第二组（%）	0.00	40.00	60.00	0.00	0.00
第三组（%）	0.00	0.00	0.00	0.00	100.00
第四组（%）	0.00	0.00	100.00	0.00	0.00
第五组（%）	0.00	0.00	0.00	0.00	0.00

2. 工程与技术科学类学科

表 4 – 46 和表 4 – 47 给出了工程与技术科学类学科 BD1 分布在各组的数量和均值。通过分析可以看出，该类学科中，学科主要分布在第二组和第三组，其次是第四组，说明工程与技术科学类学科的平衡尺度还有待于提高。另外，在学科建设早期，没有学科处在第五组，说明此时学科还不重视与外部的合作，对经济发展的促进作用还未充分发挥，但是，随着各个学科调整知识创新方式，平衡尺度有了明显提高。从各组均值看，在 10 年间没有出现太大的起

伏，也说明该类学科总体平衡尺度保持稳定。

表 4 – 46　　　　　　　　　　　各组学科数量　　　　　　　　　单位：个

年份	2000	2001	2002	2003	2004	2005	2006	2007	2008	2009
第一组	10	6	6	5	1	2	5	7	6	1
第二组	13	16	13	9	10	14	14	6	10	13
第三组	9	13	14	16	18	11	10	13	12	15
第四组	5	2	4	7	8	9	7	9	5	6
第五组	0	0	0	0	0	1	1	2	4	2

表 4 – 47　　　　　　　　　　各组学科 BD1 均值　　　　　　　　单位：个

年份	2000	2001	2002	2003	2004	2005	2006	2007	2008	2009
第一组	3.74	3.69	3.42	4.20	3.87	4.71	4.25	4.35	4.08	3.05
第二组	6.69	6.15	6.21	6.44	6.21	6.26	6.87	6.65	6.75	6.50
第三组	9.38	9.49	9.53	9.40	9.13	9.37	9.35	9.32	9.09	9.52
第四组	11.69	12.22	12.64	11.78	12.38	12.56	12.59	12.55	12.23	12.63
第五组	0.00	0.00	0.00	0.00	0.00	14.29	17.89	14.81	15.01	15.04

　　表 4 – 48 给出了 2000—2009 年经过 9 步转移过程，工程与技术科学类学科发生转移的学科数量和转移概率。可以看出，大部分学科状态都发生了转移。发生转移的学科大部分都处在对角线的右上角，说明学科总体是向更高等级的学科状态转移，向低等级状态转移的学科并不多，也说明学科与外部合作在不断加强。另外，学科总是向邻近状态的学科转移，说明经过 10 年的建设，学科状态变化并不大，总是执行一贯的知识创新策略。

表 4 – 48 2000—2009 年学科转移数量及概率

	第一组	第二组	第三组	第四组	第五组
第一组（个）	1	5	4	0	0
第二组（个）	0	4	7	2	0
第三组（个）	0	3	2	2	2
第四组（个）	0	1	2	2	0
第五组（个）	0	0	0	0	0
	第一组	第二组	第三组	第四组	第五组
第一组（%）	10.00	50.00	40.00	0.00	0.00
第二组（%）	0.00	30.77	53.85	15.38	0.00
第三组（%）	0.00	33.33	22.22	22.22	22.22
第四组（%）	0.00	20.00	40.00	40.00	0.00
第五组（%）	0.00	0.00	0.00	0.00	0.00%

3. 人文与社会科学类学科

表 4 – 49 和表 4 – 50 给出了人文与社会科学类学科 BD1 分布在各组的数量和均值。通过分析可以看出，该类学科中，第一组学科数量不断减少，第二组和第三组学科数量不断增多，说明总体上学科还是向高等级状态转移。但是，在意料之中的是，没有学科分布在第五组，没有平衡尺度较高的学科，这也在一定程度上说明人文与社会科学类学科并不以独立创新和合作创新并重为主，而是主要以独立创新为主，合作创新为辅，这也是由学科特征所决定的。另外，从各组均值上看，第一组学科均值不断降低，第二组、第三组学科均值保持平稳发展，也在一定程度上说明大部分学科也都开始注重与外部组织的合作。

表 4 – 51 给出了 2000—2009 年经过 9 步转移过程，人文与社会科学类学科发生转移的学科数量和转移概率。可以看出，大部分学科都是在第一组、第二组和第三组之间转移，并且向低等级转移的概率与向高等级转移的概率基本相当。说明概率学科总体上处于低等级的平衡程度，还是以独立创新为主。

表 4 - 49　　　　　　　　　各组学科数量　　　　　　　单位：个

年份	2000	2001	2002	2003	2004	2005	2006	2007	2008	2009
第一组	11	12	9	8	10	6	4	6	7	6
第二组	4	6	5	7	5	8	8	7	8	8
第三组	2	0	4	3	3	4	5	5	2	4
第四组	1	0	0	0	0	0	1	0	1	0
第五组	0	0	0	0	0	0	0	0	0	0

表 4 - 50　　　　　　　　各组学科 BD1 均值　　　　　　单位：个

年份	2000	2001	2002	2003	2004	2005	2006	2007	2008	2009
第一组	3.57	3.04	2.69	2.93	2.97	2.87	1.81	2.73	2.71	2.99
第二组	6.26	6.00	6.44	6.27	6.31	6.60	6.16	6.06	6.27	6.22
第三组	8.35	0.00	8.76	8.71	8.78	8.59	9.06	8.92	8.79	9.21
第四组	12.50	0.00	0.00	0.00	0.00	0.00	11.00	0.00	11.43	0.00
第五组	0.00	0.00	0.00	0.00	0.00	0.00	0.00	0.00	0.00	0.00

表 4 - 51　　　　　　2000—2009 年学科转移数量及概率

	第一组	第二组	第三组	第四组	第五组
第一组（个）	3	6	2	0	0
第二组（个）	2	1	1	0	0
第三组（个）	1	1	0	0	0
第四组（个）	0	0	1	0	0
第五组（个）	0	0	0	0	0
	第一组	第二组	第三组	第四组	第五组
第一组（％）	27.27	54.55	18.18	0.00	0.00
第二组（％）	50.00	25.00	25.00	0.00	0.00
第三组（％）	50.00	50.00	0.00	0.00	0.00
第四组（％）	0.00	0.00	100.00	0.00	0.00
第五组（％）	0.00	0.00	0.00	0.00	0.00

4. 医药科学类学科

表4-52和表4-53给出了医药科学类学科 BD1 分布在各组的数量和均值。通过分析可以看出，该类学科主要分布在第一组和第三组，但第三组学科数量有减少的趋势，第四组的学科数量不断增多，第二组学科数量不断减少。说明该类学科可分为两类：一类学科与外部合作较少，另一类学科与外部合作相对较多。另外，第五组学科数量较少，说明该类学科与外部合作的程度还不是很高。

表4-52　　　　　　　　　**各组学科数量**　　　　　　单位：个

年份	2000	2001	2002	2003	2004	2005	2006	2007	2008	2009
第一组	6	7	7	6	6	6	6	6	6	6
第二组	4	4	2	3	3	1	0	1	1	0
第三组	6	6	6	7	6	9	7	6	4	4
第四组	2	0	0	0	1	2	5	5	5	7
第五组	0	1	1	2	0	0	0	0	2	1

表4-53　　　　　　　　　**各组学科 BD1 均值**　　　　　单位：个

年份	2000	2001	2002	2003	2004	2005	2006	2007	2008	2009
第一组	0.00	0.10	0.56	0.00	0.00	0.00	0.00	0.00	0.00	0.00
第二组	6.35	6.26	7.01	6.85	6.70	7.12	0.00	7.29	6.33	0.00
第三组	9.01	8.83	8.83	9.25	9.43	9.25	9.38	9.44	9.59	10.56
第四组	12.61	0.00	0.00	0.00	11.48	12.20	12.25	12.21	12.24	12.56
第五组	0.00	14.29	16.84	15.12	0.00	0.00	0.00	0.00	14.82	15.38

从均值来看，第一组学科数量虽然不少，但其均值普遍非常低，说明医药科学类学科中有相当部分学科基本不与外部合作，主要进行独立创新。第三组均值保持稳步上升，说明该类学科中有相当部分学科长期与外部保持合作关系。

表 4 - 54 给出了 2000—2009 年经过 9 步转移过程，医药科学类学科发生转移的学科数量和转移概率。可以看出，有相当一部分学科长期处于第一组，表现在当年处于第一组、下一年仍然处于第一组的为 100%；另一部分学科则主要向高等级转移，与外部保持了长期的合作关系，并且有逐步紧密的趋势。

表 4 - 54　　　　　　　2000—2009 年学科转移数量及概率

	第一组	第二组	第三组	第四组	第五组
第一组（个）	6	0	0	0	0
第二组（个）	0	0	1	3	0
第三组（个）	0	0	3	2	1
第四组（个）	0	0	0	2	0
第五组（个）	0	0	0	0	0
	第一组	第二组	第三组	第四组	第五组
第一组（%）	100.00	0.00	0.00	0.00	0.00
第二组（%）	0.00	0.00	25.00	75.00	0.00
第三组（%）	0.00	0.00	50.00	33.33	16.67
第四组（%）	0.00	0.00	0.00	100.00	0.00
第五组（%）	0.00	0.00	0.00	0.00	0.00

5. 农业科学类学科

表 4 - 55 和表 4 - 56 给出了农业科学类学科 BD1 分布在各组的数量和均值。通过分析可以看出，该类学科虽然数量较少，但是，与外部合作相对紧密，表现在学科主要分布在第三组和第四组，几乎没有学科处在第一组，这也有与该类学科的特征和知识创新性质相关。但是，第五组学科数量也偏少。从均值上看，各组均值都比较稳定。由于学科数量偏少，所以，本部分不进行马尔科夫转换过程分析。

表 4-55　　　　　　　　　各组学科数量　　　　　　　　单位：个

年份	2000	2001	2002	2003	2004	2005	2006	2007	2008	2009
第一组	0	0	1	0	0	0	0	0	0	0
第二组	1	1	2	0	2	0	0	0	0	0
第三组	4	4	1	3	2	6	3	1	1	1
第四组	0	2	2	4	3	1	4	6	4	3
第五组	2	0	1	0	0	0	0	0	2	3

表 4-56　　　　　　　　　各组学科 BD1 均值　　　　　　　单位：个

年份	2000	2001	2002	2003	2004	2005	2006	2007	2008	2009
第一组	0.00	0.00	3.92	0.00	0.00	0.00	0.00	0.00	0.00	0.00
第二组	6.90	5.28	6.92	0.00	7.66	0.00	0.00	0.00	0.00	0.00
第三组	9.20	9.70	10.40	9.65	10.04	9.06	10.22	9.54	10.63	10.73
第四组	0.00	12.87	13.07	11.86	12.24	12.00	12.80	12.21	12.87	12.08
第五组	14.52	0.00	14.35	0.00	0.00	0.00	0.00	0.00	15.34	15.52

（四）学科知识创新方式二元策略平衡尺度与知识创新绩效的相关关系分析

学科知识创新方式二元策略组合平衡尺度既可代表学科的一种状态，同时也可代表学科平衡独立知识创新行为和合作知识创新行为的一种能力，因此，观察不同学科在不同时期的状态与学科知识创新绩效的关系，可以看出，学科的平衡尺度是否能够促进学科知识创新绩效。

图 4-7 给出了不同时期学科知识创新二元策略组合平衡尺度与知识创新绩效相关系数的变化趋势，通过观察可以看出，学科知识创新二元策略组合平衡尺度与知识绩效相关性随着时间的推移，相关性虽然有所波折，但总体上看，两者之间的相关性不断提高。另外，还可以观察出，工程技术类学科知识创新方式二元策略组合平衡尺度较高且与学科知识创新绩效的相关性也比较高，农业科学和

医药科学类学科次之，自然科学类学科和人文与社会科学类学科知识创新平衡尺度与绩效相关性较低。

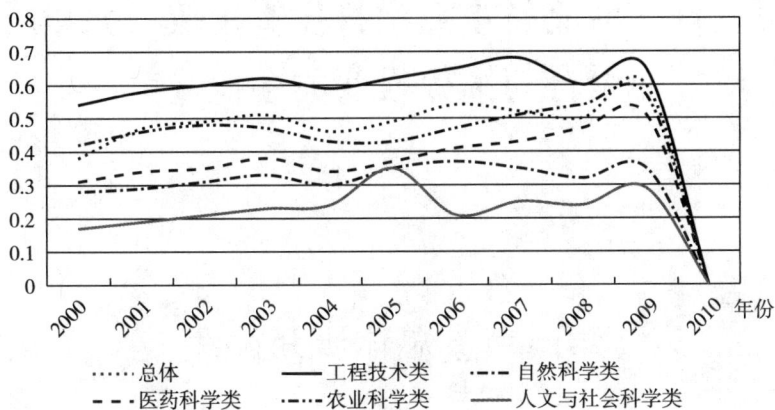

图4-7　各类学科知识创新二元策略组合平衡尺度与
学科知识创新绩效的相关性

第五章　河北省重点学科投资领域二元策略组合与绩效权变关系检验

第一节　总体研究设计

一　学科投资领域二元策略组合的内涵界定

策略是以集合形式出现的，当可供执行的方案很多、很丰富的时或者某一个方案行不通时，能够及时采取其他方案。从这个意义上说，根据前面知识创新方式的界定，知识创新策略包括合作知识创新策略和独立知识创新策略两种策略的集合。另外，根据我国高校学科知识创新资源的使用情况，可以将其分为基础领域资源投入和研发领域资源投入，即学科知识创新资源的基础领域投资和研发领域投资。

学科知识创新资源投资领域（以下简称学科投资领域）是指学科开展知识创新活动时，将学科资源（包括人力资源、物力资源、财力资源和信息资源等）按照一定的方式投入到特定的对象和活动中去。按照斯托克斯（1999）和 Lin Qing – er（2008）的分类，这种领域主要包括两个对立的领域：基础领域和研发领域。基础领域投资是指将学科知识创新资源投入到支撑学科各种知识创新活动。该领域主要是指学科的基础设施投资，如购买固定资产、购买科研仪器设备、购买图书资料以及改善科研条件等方面的投资。研发领域投资和基础领域投资是相对立的，它是指将学科知识创新资源投入到各项研发活动以及辅助研发人员中去，如学术人员工资、人才引进、人员激励以及发表学术论文、专利申请、技术开发和扩散、学术交流等知识创新活动中。

学科投资领域一元策略是指学科将知识创新资源仅投入到研发领域或基础领域的一种，或投入到研发领域，或投入到基础领域。

学科投资领域二元策略组合是指学科同时将创新资源投入到基础领域和研发领域中。在特定范围和特定时间内，学科投入到基础领域和研发领域的知识创新资源的数量之间的关系称为学科投资领域二元策略组合。学科究竟应更多地投入到基础领域还是研发领域，则受学科所在科学领域、学科规模、学科发展战略、学科环境需求以及具体创新问题等多种因素的影响。并且，在不同学科进行知识创新过程中，这两种策略以不同的形式进行组合，不同学科，采用这两种策略的频率和程度的大小不同。有的学科侧重于基础领域投资策略，有的学科侧重于利用研发领域投资策略，但不管哪种情况，这两种策略在这些学科中都是同时采用的。

我们认为，学科采用进行基础领域投资和研发领域投资的二元策略组合比单独将资源投入到其中的一个领域中更有优势，可以更加体现两者之间的协同互补作用，并产生更高的学科知识创新绩效。本章拟从投资领域二元策略组合平衡尺度和组合尺度两个维度来衡量学科投资领域的策略组合。

二　研究背景

目前，各个高校都在通过不同的知识创新方式来加强学科建设，并且投入了大量的学科建设资源，虽然取得了一些成效，但是仍存在诸多问题，尤其是地方高校的学科，在建设过程中，效果不甚明显。究其原因，在宏观层面，由于学科组织效应不高，难以发挥学科的集体知识创新能力和整体实力；在微观层面，在很大程度上是学科建设资源使用不当，盲目使用有效创新资源。主要表现在三个方面：一是部分学科注重把学科知识创新资源投资在研发领域，忽视了基础领域投资的支撑作用；二是部分学科注重把学科知识创新资源投资在基础领域，忽视了研发领域投资的引领作用；三是部分学科注意到了基础领域投资和研发领域投资并重的重要性，但是，两者之间投资比例的多少难以把握和度量。这些问题都导致了地方高校学科创新资源没有发挥最大效用，学科建设水平难以令人满意。

目前，国外研究高校和学科知识创新资源使用的研究成果颇丰。但这些研究多数从宏观上分析组织的知识创新资源配置效率和优化方法。例如，李双杰等（2006）、王雪原和王宏起（2008）、蒋晓岚和孔令刚（2008）、李荔和孙建强（2011）分析国家、省份范围内组织的创新资源配置效率。国外学者也是按照这个研究思路开展研究的。另外，也有学者研究了学科知识创新资源中的物力资源，即国内统称的科研经费的使用。但已有研究也存在若干问题。陈洪转等（2010）曾经基于中国知网等数据库，以"科研经费"等为题，对 1979—2009 年的文献进行检索，共检索到 548 篇文章，其中未见到硕士学位论文和博士学位论文，有 85% 的文章发表在一般期刊上。以"科研经费使用"为题，对 1979—2009 年的文献进行检索，只检索到 18 篇文献。以"university research funds"为题，对 1999—2009 年的文献在 Elsevier、Springer 等外文数据库中检索，只检索到 24 篇文献，主要是研究各类基金使用情况，有 3 篇文献定性地分析了国外高校的科研经费使用情况。这表明国内外关于高校科研经费使用的研究文献并不多。在已有的关于科研经费使用的文献中，大多数分析如何通过预算、决算和监督管理，有效地利用科研经费，避免有人投机取巧或挥霍浪费。笔者尚未搜索到研究科研经费使用途径和领域的相关文献，更不要说分析学科知识创新资源如何在基础领域投资和研发领域投资间实现平衡。

另外，也有学者以企业为分析对象，分别研究了基础领域投资和研发领域投资的作用。斯通曼（Stoneman，1991）认为，政府通过税收补贴制度，能够激励研发活动，以提高企业绩效。布兰斯科姆布（Branscomb，1992）认为，政府应该通过鼓励联合研发及投资于技术基础设施，以促进提升科技成果转化力，最终激发企业创新思想的产生和创新绩效的提升。雷诺德（Renaud，2004）认为，由于机会成本的存在，使对基础研究投资会减少对将来的投资机会，于是会习惯于从收益角度出发，尽可能减少对基础研究的投资，这就需要政府通过科技政策进行引导，以形成有效的社会化科技投入机制。但是，很少有学者进行基础领域投资和研发领域投资两者之间的论证。Lin（2010）和荣成林等（2011）研究了科技型中小企业在基础领域投资与研发领域投资之间的关系以及对企业财务绩效的影响，但未有学者针对高校进行过专门的定量研究。

由于各地方高校学科的性质、区位、资源、组织特征等方面存在较大差异，不同学科应当根据自身特征，选取最合适的知识创新投资策略，而不是一味地照搬他人的成功经验。部分学科应当把知识创新行为重点放在基础领域投资上，部分学科应当更重视研发领域投资。总之，不同学科只有寻求到投资领域二元策略不同的平衡点，才能显著提高学科建设水平。但是，不同的学科应当如何寻求最优的投资领域策略，在基础领域投资与研发领域投资实现均衡，使学科知识创新绩效最高的最优投资领域策略组合仍然是一个有待于解决的问题，对两者之间交互作用的实证研究则更少。对学科基础领域投资和研发领域投资两种投资行为同时予以重视是加强了彼此的作用，还是降低了彼此的作用，这个问题仍然没有得到解决。另外，学科管理者不清楚基础领域投资与研发领域投资之间的比重应该平衡到什么程度，也不清楚两者组合应该优化到什么程度。

本书提出学科投资领域二元策略组合概念和计量方法，通过分析这种策略组合对学科知识创新绩效的相对影响，为学科领导者和管理者制定本学科知识创新发展策略提供理论分析框架和相应的对策。因此，本书的研究目的有三个：一是分别测定并对比河北省重点学科知识创新方式的基础领域投资策略和研发领域投资策略对学科知识创新绩效的影响；二是测定河北省重点学科知识创新投资方式的基础领域投资策略和研发领域投资策略之间的最佳平衡点；三是了解河北省重点学科投资领域策略组合对学科知识创新绩效是否有重大影响。

三 研究思路与技术路线

本章旨在研究河北省重点学科投资领域与学科知识创新绩效权变关系。"权变"一词有"随具体情境而变"或"依具体情况而定的意思"。在本书中，权变关系是指在不同的学科情景中，学科投资领域与学科知识创新绩效存在不同的关系。本章拟从三个方面研究河北省重点学科投资领域与学科知识创新绩效权变关系。

首先，对河北省重点学科投资领域一元策略与学科知识创新绩效权变关系进行静态检验，从特定的时间节点入手，利用方差分析、相关分析和回归分析方法，分别研究河北省重点学科基础领域投资与学科知识创新绩效的关系以及河北省重点学科研发领域投资策略与学科知识创新绩效的关系。

其次，对河北省重点学科投资领域二元策略组合与学科知识创新绩效权变关系进行静态检验，从特定的时间节点入手，利用方差分析、相关分析和回归分析方法，分别研究河北省重点学科投资领域二元策略组合平衡尺度与学科知识创新绩效关系以及河北省重点学科投资领域二元策略组合的组合尺度与学科知识创新绩效的关系。

最后，对河北省重点学科投资领域二元策略组合与学科知识创新绩效权变关系进行动态检验，从学科发展的时间序列上，利用马尔科夫状态转换模型，分析不同时期学科投资领域二元策略组合平衡尺度的转换特征及与学科知识创新绩效的关系。

通过上述三个方面的分析，提出学科投资领域二元策略与学科知识创新绩效权变关系分析框架，归纳河北省重点学科建设的具体情景和特征。

第二节　学科投资领域一元策略与
绩效权变关系静态检验

一　研究框架与研究假设

学科投资领域一元策略与绩效的权变关系，即分别分析学科基础领域投资策略和研发领域投资策略与学科知识创新绩效的关系。学科基础领域投资策略是指学科基础领域投入资源绝对数量的大小和规模，学科研发领域投资策略是指学科在研发领域投入资源绝对数量的大小和规模。根据温迪等（Wendy et al.，2005）、唐纳德等（Donald et al.，2003）、汤姆·格鲁特等（Tom Groot et al.，2006）、李双杰等（2006）、王雪原和王宏起（2008）等的描述，学科知识创新资源投入的绝对数量和规模越大，学科知识创新绩效就越高。无论这种资源是投入到学科哪个领域中去，都能够带来学科知识创新绩效的提高。学科基础领域投资策略代表学科在基础领域的投资行为活跃程度。学科在基础领域投资数量越多，表明学科越注重学科基础设施建设，学科知识创新绩效越高。因此，提出以下假设：

H5 - 1：学科基础领域投资数量越多，学科知识创新绩效越高；反之则相反。

H5 - 2：学科研发领域投资数量越多，学科知识创新绩效越高；反之则相反。

二　数据来源和变量设定

（一）数据源和数据

本书以 2004 年、2009 年遴选出的河北省省级重点学科为样本，所有数据均来自河北省重点学科参与重点学科评估时的申请材料，并以 2010 年河北省强势特色学科（群）覆盖的 36 个省级重点学科汇报材料为辅。样本数量为：2004 年参与河北省重点学科评估的 74

个重点学科；2009 年参与河北省重点学科评估的 62 个重点学科和河北省强势特色学科（群）主干学科覆盖的 36 个省级重点学科，研究样本数量为 172 个。评估材料的具体内容见本书第四章第二节有关内容。

（二）变量设定

本部分主要分析两种关系，分别是学科基础领域投资策略和学科知识创新绩效的关系，以及学科研发领域投资策略和学科知识创新绩效的关系。在这两种关系中，学科基础领域投资策略和学科研发领域投资策略为自变量，学科知识创新绩效为因变量。

另外，本章还把河北省重点学科的情景因素，如学科门类、学科所在区域作为控制变量，分析它们对学科知识创新绩效的影响。

1. 学科基础领域投资

根据前面文献分析，本书用学科建设经费（包括主管部门投入的河北省重点学科建设专项经费和学校按照 2∶1 的比例筹集的重点学科建设配套经费）中用以购买科研仪器设备和图书资料的资金数量来代表学科基础领域投资。该项指标可用《河北省高等学校重点学科建设评估指标体系》中的"工作条件"一级指标下的"仪器设备和图书资料资产情况评价"中对学科 5 年评估期内购买的科研仪器设备和图书资料情况的表述进行衡量。

2. 学科研发领域投资

根据本书前面的表述，认为学科基础领域投资和研发领域投资是相对立的，学科建设经费金额减去学科在基础领域投资金额即为学科研发领域投资金额。根据基础领域投资变量的设定方法和数据来源，本书用全部学科建设经费（包括主管部门拨发的河北省重点学科建设专项经费和学校按照 2∶1 的比例筹集的重点学科建设配套经费）减去学科购买科研仪器设备和图书资料金额来代表学科研发领域投资。

另外，为了避免各学科建设经费的差异，本书分别以学科研发领域投资金额的评价值和学科基础领域投资金额的评价值来代表学科基础领域投资和研发领域投资。具体计算方法见本书第四章第二节有关内容。

3. 学科知识创新绩效

本指标计算方法见第四章第二节有关内容。

4. 学科门类和学科地理位置

本指标计算方法见第四章第二节有关内容。

三　单因素方差分析结果

(一) 学科门类和学科所在区域对学科基础领域投资的影响

表 5-1 给出了学科门类和学科所在区域对学科基础领域投资影响的单因素方差分析结果。从表 5-1 可以看出，不同学科门类对学科基础领域投资的影响显著（$p < 0.05$）。

表 5-1　　　　　　学科特征对学科基础领域投资的影响

		平方和	均方	F 统计量	显著性概率
学科门类	组内	862.443	16.078		
	组间	230.485	32.145	2.645	0.044
学科所在区域	组内	12.009	7.0889		
	组间	976.452	6.477	0.437	0.636

注：$\alpha = 0.05$，样本为 172 个。

由表 5-1 可知，学科门类变量对学科基础领域投资变量的方差分析结果达到显著，计算出的显著性概率小于 0.05，故拒绝原假设，即不同门类的学科基础领域投资具有显著差异。学科所在区域变量对学科基础领域投资变量的方差分析结果未达到显著，计算出的显著性概率大于 0.05，故接受原假设，即不同地区的学科基础领域投资没有显著差异。

(二) 学科门类和学科所在区域对学科研发领域投资的影响

表 5-2 给出了学科门类对学科研发领域投资影响的单因素方差分析结果。对结果分析可知，学科门类变量和学科所在区域变量对

学科研发领域投资变量的方差分析结果均未达到显著，计算出的显著性概率大于 0.05，故接受原假设，即不同门类和不同地区的学科研发领域投资并无显著差异。

表 5 - 2　　　　　学科特征对学科研发领域投资的影响

		平方和	均方	F 统计量	显著性概率
科门类	组内	2343.347	15.578		
	组间	34.178	12.345	1.156	0.121
学科所在区域	组内	1452.134	15.342		
	组间	108.237	24.378	0.629	0.304

注：$\alpha = 0.05$，样本为 172 个。

（三）学科门类和学科所在区域对学科知识创新绩效的影响

学科门类和学科所在区域对学科知识创新绩效的影响已经在第四章第四节进行过论述，研究结果显示，不同门类和不同地区的学科知识创新绩效并无显著差异。这里不再赘述。

四　相关性分析结果

本部分将分别研究学科基础领域投资和知识创新绩效、研发领域投资和知识创新绩效之间的相关性，其中学科知识创新绩效有学术队伍建设、科学研究和教学与人才培养三个维度。表 5 - 3 给出了相关性分析结果。

从表 5 - 3 中可以看出，学术队伍建设与研发领域投资相关，与基础领域投资不相关，科学研究与基础领域投资和研发领域投资都相关，教学与人才培养与基础领域投资相关，与研发领域投资不相关。

五　回归分析结果

分别将学科基础领域投资、学科研发领域投资作为因变量，探讨学科基础领域投资和研发领域投资对学科知识创新绩效的回归分析。

表5–3   学科投资与学科知识创新绩效相关关系分析

	相关系数					平均值	标准差
	基础领域投资	研发领域投资	学术队伍建设	科学研究	教学与人才培养		
基础领域投资	—	—				9.52	4.61
研发领域投资	0.593 **	—				4.62	1.87
学术队伍建设	0.235	0.492 **	—			3.28	1.76
科学研究	0.474 **	0.462 **	0.404 **	—		2.73	1.95
教学与人才培养	0.494 **	0.378	0.463 **	− 0.251	—	3.46	1.84

注：样本为172个；** 表示 $p < 0.01$。

（一）学科基础领域投资对学科知识创新绩效回归分析

表5–4是学科基础领域投资作为自变量对学科知识创新绩效回归分析。从表5–4回归结果可以知道，学科基础领域投资回归系数为0.137，回归系数的显著性概率为0.001，在0.01的显著性水平下达到显著。因此，学科基础领域投资对学科知识创新绩效有显著的预测作用，且因为B值为正数，所以，预测的方向为正向，即学科基础领域投资越高，学科知识创新绩效越高，假设H5–1得到验证。

表5–4   学科基础领域投资与学科知识创新绩效回归分析

模型	非标准化系数		标准系数	t统计量	显著性概率
	B	标准误差	试用版		
（常量）	19.562	2.013		14.354	0.000
基础领域投资	0.137	0.027	0.265	5.102	0.001 **

注：因变量：学科知识创新绩效；** 表示 $p < 0.01$。

（二）学科研发领域投资对学科知识创新绩效回归分析

表5–5是学科研发领域投资作为自变量对学科知识创新绩效回归分析。从回归结果可以知道，学科研发领域投资的回归系数为

0.191，回归系数的显著性概率为 0.048，在 0.01 的显著性水平下达到显著。因此，学科研发领域投资对学科知识创新绩效有显著的预测作用，且因为 B 值为正数，所以，预测的方向为正向，即学科研发领域投资越大，学科知识创新绩效越高，假设 H5 - 2 得到验证。

表 5 - 5　　　学科研发领域投资与学科知识创新绩效回归分析

模型	非标准化系数		标准系数	t 统计量	显著性概率
	B	标准误差	试用版		
（常量）	19.562	2.013		14.354	0.000
研发领域投资	0.191	0.064	0.278	2.416	0.048 **

注：因变量：学科知识创新绩效。** 表示 $p < 0.01$。

第三节　学科投资领域二元策略组合与绩效权变关系静态检验

一　研究概念框架

目前，各个高校都在通过不同的知识创新方式加强学科建设，并且投入了大量的学科建设资源，虽然取得了一些成效，但是，仍存在诸多问题，尤其是地方高校的学科，在建设过程中效果不明显。究其原因，从宏观来看，是由于学科组织效应不高，难以发挥学科的集体知识创新能力和整体实力；从微观来看，在很大程度上是学科建设资源使用不当，盲目使用有效创新资源。

本章提出学科投资领域二元策略组合，通过分析这种策略组合对学科知识创新绩效的相对影响，为学科领导者和管理者制定本学科知识创新发展策略提供理论分析框架和相应的对策。

不同的学科应当如何寻求最优的投资领域策略，在基础领域投资与研发领域投资实现均衡，使学科知识创新绩效最高的最优投资领域策略组合是什么依旧是一个有待于解决的问题，对两者之间交互作用的实证研究出奇地少。对学科基础领域投资和研发领域投资两种投资行为同时予以重视是加强了彼此的作用，还是降低了彼此的作用，这个问题仍没有得到解决。另外，学科管理者不清楚基础领域投资与研发领域投资之间的比重该平衡到什么程度，也不清楚两者组合该优化到什么程度。

本章提出学科知识创新方式二元策略组合，通过分析这种策略组合对学科知识创新绩效的相对影响，为学科领导者和管理者制定本学科知识创新发展策略提供理论分析框架和相应的对策。

我们采用平衡互补理论来建立河北省重点学科投资领域二元组合策略与绩效权变关系分析框架（见图 5-1）。我们假定学科同时进行基础领域投资和研发领域投资，实现基础领域投资和研发领域投资组合策略比单独投资在基础领域或研发领域投资可以更加体现两者之间的协同互补作用，并产生更高的学科知识创新绩效，简称学科投资领域二元策略组合。学科投资领域二元策略组合指的是基础领域投资和研发领域投资数量的比例关系。本书拟从投资领域二元策略组合平衡尺度和组合尺度两个维度来衡量学科投资领域的策略组合。

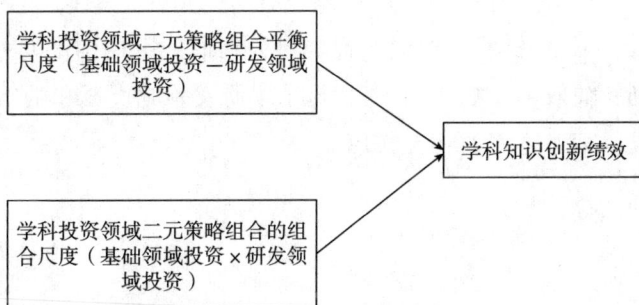

图 5-1　学科投资领域二元策略组合与绩效关系分析框架

二　研究理论观点与假设

（一）研发与基础领域二元投资策略

这种二元投资策略是指学科在研发领域投资和基础领域投资策

略在培育学科知识创新能力和绩效的联合应用。虽然已有研究分析学科投资领域的文献并不多见，但以企业为研究对象分析其资源使用的文献非常多。通过在研发领域和基础领域的连续投资，企业希望开发和探索的新技术资源，能有助于提升企业的整体实力和创新能力。对于企业开展创新活动而言，进行研发投资是大家公认的方法，且可能是企业在面对多变市场环境时优先考虑到的策略措施。相对于研发投资而言，基础领域投资通常是为流动绩效、生产效率和未来的业务活动提供一个良好的基础，因此也会考虑到未来的业务需求。例如，科技基础投资是基础领域投资中的主要内容，为的是以现有科技知识为依托，努力推动企业科技能力的发展；信息技术基础投资增强了企业的信息技术能力、通信能力以及建立了高效的工作流程；而人力资本基础投资可以促进企业积累技能、知识以及经验等方面的能力，那对创新过程是非常重要的。

企业有效地管理基础领域和研发领域的投资，一方面会帮助企业培养自主创新能力，另一方面能促进创新进程并避免无用的基础投资。虽然在基础领域和研发领域采取一种二元投资策略是重要的，但企业对基础领域和研发领域投资应平衡到什么程度以及如何使两方面的投资同时达到最优仍然没有研究清楚。因此，本章探讨了二元投资策略平衡尺度和组合尺度两方面的相互作用以及其对学科知识创新绩效的影响。图 5-2 显示了研发领域投资和基础领域投资两种投资策略之间的相互作用。

图 5-2 两种投资策略的相互影响

（二）学科知识创新方式平衡尺度与学科知识创新绩效的关系

二元投资策略平衡程度达到较高水平或研发领域投资和基础领域投资的相对值的近似匹配，可以更好地对组织风险进行结构控制，有利于组织进行知识创新和提高创新绩效。

如果不能在基础领域投资和研发领域投资之间达到一种相近平衡，会阻碍培育组织创新能力，可能会使组织遭受知识和技术过时或是降低绩效的风险。相反，使两种形式的创新行为达到一种相近平衡，有利于组织发展。因此，提出以下假设：

H5 - 3：平衡的投资领域二元策略组合有利于提高学科知识创新绩效。

（三）学科知识创新方式组合尺度与学科知识创新绩效的关系

学科投资领域二元策略组合尺度的核心内容是达到最优的组合幅度，最大限度地提高知识创新能力。大量的研究已经表明，学科基础领域投资和研发领域投资行为之间不仅仅是相互竞争的，而且是可以相互补充的，两者之间是一种互补关系。而这种互补关系，当学科实现充分的资源利用，则学科投资领域二元策略的组合尺度就会达到最大，能够有效地促进学科知识创新绩效。我们认为，采用学科投资领域二元策略组合尺度，对于学科培育自主创新活动和能力，提高学科知识创新绩效是至关重要的，它使学科管理人员将两种不同的知识创新投资策略有机地结合在一起，保证了其有效地互补协同配合。因此，提出以下假设：

H5 - 4：联合学科投资领域二元策略有利于提高学科知识创新绩效。

三　数据来源和变量设定

（一）数据来源

本章具体数据来源见本书第二节有关内容，这里不再赘述。

（二）变量设定

在图 5 - 1 提出的概念模型中，主要研究了两种关系，分别是学科投资领域二元策略组合平衡尺度与学科知识创新绩效的关系和学科投资领域二元策略组合的组合尺度与学科知识创新绩效的关系。在这两种关系中，学科投资领域二元策略组合平衡尺度和学科投资领域二元策略组合的组合尺度是自变量，学科知识创新绩效是因变量。

另外，本章还把河北省重点学科的情景因素，如学科门类、学科所在地理位置作为控制变量，分析它们对学科知识创新绩效的影响。

（三）学科知识创新方式二元策略平衡尺度

学科投资领域二元策略平衡尺度（BD），涉及平衡，或是研发领域投资的相对数量多少。为了测算 BD，我们根据 Cao 等（2009）、He 和 Wong（2004）的论述，并使用了研发和基础领域投资策略绝对差值。绝对差值的区间为 0—20，那么值越大，BD 水平越高。

BD = 20 - │基础领域投资评价值对数 - 研发领域投资评价值对数│

（四）学科知识创新方式二元策略组合尺度

学科投资领域二元策略组合尺度（CD）涉及一个学科基础领域投资和研发领域投资组合程度。我们认为，一个学科基础领域投资和研发领域投资数值越大，越能促进彼此之间的互补作用，提高彼此的实施效果。我们用基础领域投资和研发领域投资的乘积来测算 CD，计算公式为：

CD =（基础领域投资评价值对数 - mean（研发领域投资评价值对数）×（研发领域投资评价值对数 - mean（基础领域投资评价值对数）

式中，mean 表示均值。

Lin 和 McDonough（2010）、Cao 等（2009）以及 He 和 Wong（2004）以前也使用了相似的计算方法。

四　单因素方差分析结果

表 5 - 6 和表 5 - 7 给出了学科门类对学科投资领域二元策略平衡尺度和组合尺度的单因素方差分析结果。可以看出，不同学科门类对投资领域组合尺度和平衡尺度的影响都比较显著（p < 0.05）。

表 5 - 6　　　　　　　　学科特征对平衡尺度的影响

		平方和	均方	F 统计量	显著性概率
学科门类	组内	287.481	5.359333		
	组间	76.82833	10.715	2.145	0.044
学科所在区域	组内	4.003	2.362967		
	组间	325.484	2.159	2.428	0.036

注：α = 0.05，样本为 172 个。

表 5 - 7　　　　　　　　学科特征对组合尺度的影响

		平方和	均方	F 统计量	显著性概率
学科门类	组内	781.1157	5.192667		
	组间	11.39267	4.115	3.156	0.012
学科所在区域	组内	484.0447	5.114		
	组间	36.079	8.126	2.629	0.030

注：α = 0.05，样本为 172 个。

五　相关性分析结果

表 5 - 8 给出了学科投资领域策略组合与学科知识创新绩效相关关系分析结果。从表 5 - 8 中可以看出，学术队伍建设与平衡尺度相关，与组合尺度不相关，科学研究与平衡尺度和组合尺度都相关，教学与人才培养和平衡尺度相关，与组合尺度不相关。

表 5 - 8　　　　学科投资领域策略组合与学科知识创新绩效
相关关系分析

	组合尺度	平衡尺度	学术队伍	科学研究	教学与人才
组合尺度	—	—			
平衡尺度	0.231	—			
学术队伍	0.309	0.523 **	—		
科学研究	0.534 **	0.478 **	0.404 **	—	
教学与人才	0.347	0.467 **	0.463 **	- 0.251	—

注：样本为 172 个；** 表示 p < 0.01。

六 回归分析结果

分别将学科投资领域二元策略组合平衡尺度和组合尺度作为因变量，探讨平衡尺度和组合尺度对学科知识创新绩效回归分析。

（一）学科投资领域策略组合平衡尺度对学科知识创新绩效回归分析

表 5-9 是学科投资领域二元策略组合平衡尺度作为自变量对学科知识创新绩效的回归性分析。从回归结果我们可以知道，学科投资领域策略组合平衡尺度投资回归系数为 0.206，回归系数的显著性概率为 0.009，在 0.01 的显著性水平下达到显著。因此，学科投资领域二元策略组合平衡尺度对学科知识创新绩效有显著的预测作用，且因为 B 值为正数，所以，预测的方向为正向，即学科投资领域二元策略组合平衡尺度越高，学科知识创新绩效越高，假设 H5-3 得到验证。

表 5-9 平衡尺度与学科知识创新绩效回归分析

模型	非标准化系数		标准系数	t 统计量	显著性概率
	B	标准误差	试用版		
（常量）	29.343	3.0195	0	14.354	0.000
平衡尺度	0.206	0.0405	0.397	4.102	0.009

注：因变量：学科知识创新绩效。

（二）学科投资策略组合的组合尺度对学科知识创新绩效回归分析

表 5-10 是学科投资领域二元策略组合的组合尺度作为自变量对学科知识创新绩效回归分析。从回归结果可以知道，学科投资领域二元策略组合的组合尺度的回归系数为 0.287，回归系数的显著性概率为 0.028，在 0.05 的显著性水平下达到显著。因此，学科投资领域二元策略组合的组合尺度对学科知识创新绩效有显著的预测作用，且因为 B 值为正数，所以预测的方向为正向，即学科投资领域二元策略组合的组合尺度越大，学科知识创新绩效越高，假设

H5 - 4 得到验证。

表 5 - 11 给出了假设检验的结果。

表 5 - 10　　　　组合尺度与学科知识创新绩效回归分析

模型	非标准化系数		标准系数	t 统计量	显著性概率
	B	标准误差	试用版		
（常量）	29.343	3.0195	0	14.354	0.000
组合尺度	0.287	0.096	0.347	2.416	0.028

注：因变量：知识创新绩效。

表 5 - 11　　　　　　　　假设检验结果

假设	检验结果
H5 - 1：学科基础领域投资数量越多，学科知识创新绩效越高；反之则相反	成立
H5 - 2：学科研发领域投资数量越多，学科知识创新绩效越高；反之则相反	成立
H5 - 3：平衡的投资领域二元策略组合有利于提高学科知识创新绩效	成立
H5 - 4：联合的学科投资领域二元策略有利于提高学科知识创新绩效	成立

第四节　学科投资领域二元策略组合与绩效权变关系动态检验

一　研究目的和思路

河北省自 1992 年实施"双重工程"（重点大学和重点学科）以来，河北省重点学科建设已经走过了 20 年的发展历程。重点学科建设作为教育主管部门促进高校学科发展和高校发展的一项重要战略和举措，取得了辉煌的成就，有效地促进了学科的发展和学校综合实力的提升。河北省教育厅为激励和促进学科有序发展，克服学科建设中的问题，于 1999 年、2004 年和 2009 年对河北省重点学科以及重点发展学科进行了三次系统的评估。这些评估为我们研究学科发展历程提供了很好的借鉴作用和数据资料支撑。

前面提出了学科投资领域二元策略组合与学科知识创新绩效关系分析框架，研究并测定了河北省重点学科知识投资领域的基础领域投资和研发领域投资独立对学科知识创新绩效的影响以及河北省重点学科投资领域中的基础领域投资和研发领域投资之间的最佳平衡点。这些研究都是从静态观察特定时点上的权变关系，得出了有益的结论。但是，从时间发展序列上看，河北省不同的重点学科投资领域二元策略组合呈现怎样的变化规律和变化趋势，未来的发展趋势是怎样的？是否高水平的学科投资领域二元策略组合平衡尺度总是能带来高水平的学科知识创新绩效？随着时间的迁移，两者之间关系是否在发生变化？这些问题都有待于进一步从历史和演化角度来进行分析。

基于上述问题，本节拟从学科发展历程回顾的角度，分析学科发展的状态和规律，观察学科投资领域二元策略组合的变化规律和变化趋势，寻求学科投资领域二元策略组合平衡尺度及组织尺度与学科知识创新绩效的长期关系和变化规律。

首先，提出研究问题和分析研究目的。

其次，分析选择研究方法，选择马尔科夫状态转换模型作为分析学科投资领域二元策略组合与学科知识创新绩效关系的工具，并假定学科投资领域二元策略组合平衡尺度是学科在特定时点上的知识创新二元策略组合的一种状态，并分析这种状态的转化以及状态与学科知识创新绩效的关系。

最后，分析归纳学科投资领域二元策略组合与学科知识创新绩效的动态关系。由于篇幅有限，本书只进行学科投资领域二元策略组合平衡尺度转移过程以及与学科知识创新绩效的关系分析，学科投资领域二元策略组合的组合尺度状态转移过程分析将在以后的研究中进行。

二 研究方法和研究前提设定

(一) 研究方法

本部分利用马尔科夫状态概率模型进行分析，关于该方法的基本原理，参见本书第四章有关内容。这里不再赘述。

（二）研究前提设定

本章提出以下前提假定：

（1）我们以特定时间点上学科投资领域二元策略组合平衡尺度作为学科发展的一种状态，对于学科投资领域二元策略组合的组合尺度暂不予考虑。

（2）各年中学科投资领域二元策略组合平衡尺度作为学科各年发展的一种状态，这种状态随着时间而发生转移的过程符合马尔科夫过程，特定时间点上学科知识创新方式二元策略组合平衡尺度在下一个时期内有多个转向，包括转向自身。

三 研究数据来源及处理

本部分研究数据同样来自 2004 年、2009 年遴选出的河北省省级重点学科，所有数据均来自河北省重点学科参与重点学科评估时的申请材料，再加上河北省强势特色学科（群）覆盖的 36 个省级重点学科。这些数据涵盖 2000—2009 年河北省重点学科各年的基本情况，10 年间河北省重点学科各年的投资领域二元策略组合平衡尺度均可通过这些样本数据获取。具体获取方法见本书第四章有关内容。这里不再赘述。

四 学科投资领域二元策略组合与知识创新绩效动态关系检验

（一）样本分组情况

1. 各组样本数

根据 BD 的计算公式，该值应在 0—20 之间，BD 值越大，则学科独立发表论文行为与合作发表论文行为之间的关系越平衡，即发表论文数量越接近。本书分组时充分考虑 BD 值实际情况，将样本数据按照 0—20 的间距分为 5 组，也就是 5 个状态，第五组 BD 最平衡，依次递减，第一组 BD 最不平衡。各组学科数量及历年变化趋势见表 5-11 和图 5-3。可以看出，大部分学科处于第五组，在有的年份该组学科数量甚至超过了全部学科数量的一半，且有不断提高的趋势。另外，第四组学科数量也比较多，说明河北省重点学科投资领域相对较为均衡，基础领域投资和研发领域投资并重。

表 5 – 11 各组学科数量 单位：个

年份	2000	2001	2002	2003	2004	2005	2006	2007	2008	2009
第一组	9	11	13	3	4	2	3	2	3	2
第二组	6	8	8	5	3	2	4	5	5	5
第三组	15	14	7	11	5	9	6	9	13	6
第四组	13	16	15	9	17	15	17	12	15	15
第五组	33	26	36	47	48	50	48	50	40	49

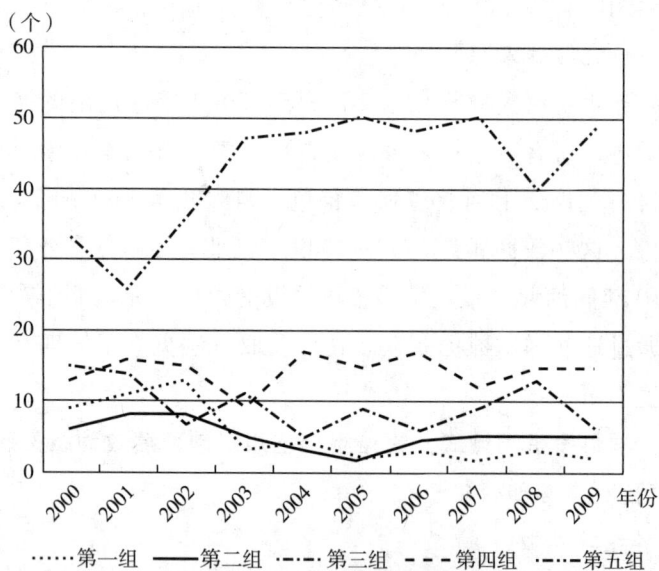

图 5 – 3 各组数量变化趋势

2. 各组均值

表 5 – 12 和图 5 – 4 给出了各组学科的 BD 均值及变化情况。可以看出，第一组的 BD 均值数值不高，但第五组均值在大部分时间里都超过了 17，说明河北省大部分重点学科投资领域均衡。另外，除第一组外，其他组均值变化都较为平稳。

表 5-12　　　　　　　　　　各组学科 BD 均值　　　　　　　单位：个

年份	2000	2001	2002	2003	2004	2005	2006	2007	2008	2009
第一组	1.35	2.30	1.86	3.73	0.94	2.13	1.14	2.51	2.77	3.80
第二组	6.78	6.14	6.32	6.64	6.97	5.43	6.75	7.14	6.47	7.39
第三组	9.25	9.85	10.25	9.84	9.72	10.02	9.55	9.53	9.87	10.41
第四组	12.74	12.16	12.91	12.86	12.82	12.93	13.09	12.67	13.22	12.60
第五组	16.82	16.81	17.26	17.23	17.27	17.17	17.34	17.20	17.01	17.10

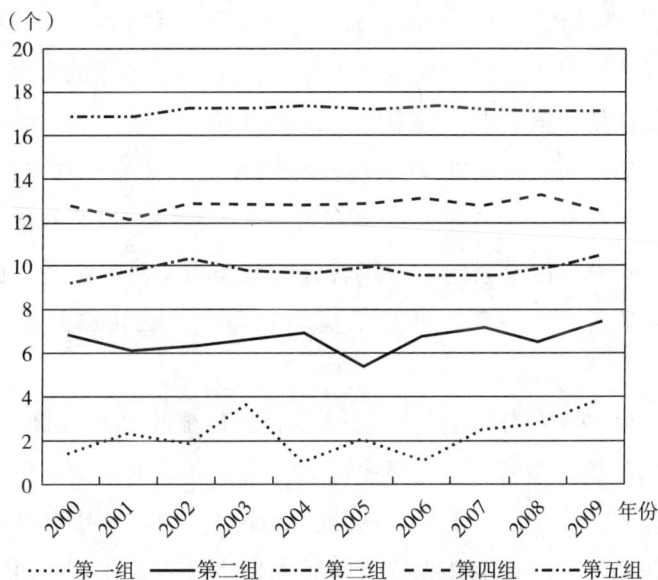

图 5-4　各组均值变化趋势

（二）各年转移学科数量及转移概率

表 5-13 至表 5-21 给出了 2000—2009 年逐年发生转移的学科数量和学科转移概率。表 5-22 给出了 2000—2009 年全部样本转移数量及概率。综合分析逐年的转移概率，可以发现，学科状态转移过程具有以下特征：

（1）学科状态总是向相邻状态转移，表现在转移概率矩阵对角线周围的概率值比较高，而转移概率矩阵中左下角和右上角的值大部分都为 0，很少有学科状态发生大的变化。这说明各学科投资的平衡水平在随时间变化过程中而发生逐步变化，在短期内不会有较大调整，各个学科一直执行较为稳健的投资策略。

（2）从长期变化来看，尤其是分析 2000—2009 年的 9 步状态转移结果，如表 5 - 22 所示，除了第五组学科，大部分学科都发生了状态转移，对角线上的转移概率值较小，说明从长期看大部分学科的策略比学科建设初期都有了一定的调整。

（3）各年的转移概率具有高度的相似性，主要表现在当年处于第一组、下一年仍然处于第一组的概率和当年处于第五组、下一年仍然处于第五组的概率都处于比较高的状态，尤其是当年处于第五组、下一年仍然处于第五组的概率极高，说明有一大部分学科都处于投资较为平衡的状态，基础领域投资和研发领域投资金额基本相当。

（4）转移矩阵中各年转移概率为非对称矩阵，说明本级向上一级转移的概率和由本级向下一级转移的概率为非对称关系，也就是说，各年学科向上一等级转移的概率和向下一级转移的概率明显不等。

（5）从转移矩阵来看，平均一步转移的概率达到较高，其中，向上（高等级）一步转移的概率略大于向下转移的概率。在向上转移的过程中，第一组向上转移的能力较小，说明那些投资不均衡的学科在长期发展过程中其投资策略并未发生显著变化。在向下转移的过程中最高组一步向下转移的概率较小，也说明那些投资较为均衡的学科并未改变自己的投资策略。

表 5 - 13　　　　　　　　2000—2001 年学科转移数量及概率

		第一组	第二组	第三组	第四组	第五组
学科转移数量（个）	第一组	7	2	0	0	3
	第二组	3	1	2	0	0
	第三组	1	1	4	7	2
	第四组	0	1	4	6	2
	第五组	0	3	4	4	22

续表

		第一组	第二组	第三组	第四组	第五组
学科转移概率（%）	第一组	77.78	22.22	0.00	0.00	33.33
	第二组	50.00	16.67	33.33	0.00	0.00
	第三组	6.67	6.67	26.67	46.67	13.33
	第四组	0.00	7.69	30.77	46.15	15.38
	第五组	0.00	9.09	12.12	12.12	66.67

表 5 – 14　　　　　　　2001—2002 年学科转移数量及概率

		第一组	第二组	第三组	第四组	第五组
学科转移数量（个）	第一组	9	2	0	0	0
	第二组	3	1	0	2	2
	第三组	1	1	3	5	4
	第四组	0	3	4	5	5
	第五组	0	1	0	3	25
学科转移概率（%）	第一组	81.82	18.18	0.00	0.00	0.00
	第二组	37.50	12.50	0.00	25.00	25.00
	第三组	7.14	7.14	21.43	35.71	28.57
	第四组	0.00	18.75	25.00	31.25	31.25
	第五组	0.00	3.85	0.00	11.54	96.15

表 5 – 15　　　　　　　2002—2003 年学科转移数量及概率

		第一组	第二组	第三组	第四组	第五组
学科转移数量（个）	第一组	2	3	1	1	6
	第二组	0	1	4	2	1
	第三组	1	0	2	1	3
	第四组	0	1	2	3	9
	第五组	1	0	2	2	31
学科转移概率（%）	第一组	15.38	23.08	7.69	7.69	46.15
	第二组	0.00	12.50	50.00	25.00	12.50
	第三组	14.29	0.00	28.57	14.29	42.86
	第四组	0.00	6.67	13.33	20.00	60.00
	第五组	2.78	0.00	5.56	5.56	86.11

表 5 – 16   2003—2004 年学科转移数量及概率

		第一组	第二组	第三组	第四组	第五组
学科转移数量（个）	第一组	3	0	0	0	0
	第二组	1	1	1	2	0
	第三组	0	1	2	3	5
	第四组	0	0	2	3	4
	第五组	0	1	0	8	41
学科转移概率（%）	第一组	100.00	0.00	0.00	0.00	0.00
	第二组	20.00	20.00	20.00	40.00	0.00
	第三组	0.00	9.09	18.18	27.27	45.45
	第四组	0.00	0.00	22.22	33.33	44.44
	第五组	0.00	2.13	0.00	17.02	87.23

表 5 – 17   2004—2005 年学科转移数量及概率

		第一组	第二组	第三组	第四组	第五组
学科转移数量（个）	第一组	2	1	0	1	0
	第二组	0	1	1	0	1
	第三组	0	0	2	1	2
	第四组	0	0	3	7	7
	第五组	0	0	3	7	40
学科转移概率（%）	第一组	50.00	25.00	0.00	25.00	0.00
	第二组	0.00	33.33	33.33	0.00	33.33
	第三组	0.00	0.00	40.00	20.00	40.00
	第四组	0.00	0.00	17.65	41.18	41.18
	第五组	0.00	0.00	6.25	14.58	83.33

表 5 – 18　　　　　　　2005—2006 年学科转移数量及概率

		第一组	第二组	第三组	第四组	第五组
学科转移数量（个）	第一组	2	0	0	0	0
	第二组	0	2	0	0	0
	第三组	0	0	1	6	2
	第四组	1	1	3	2	9
	第五组	0	1	2	9	38
学科转移概率（%）	第一组	100.00	0.00	0.00	0.00	0.00
	第二组	0.00	100.00	0.00	0.00	0.00
	第三组	0.00	0.00	11.11	66.67	22.22
	第四组	6.67	6.67	20.00	13.33	60.00
	第五组	0.00	2.00	4.00	18.00	76.00

表 5 – 19　　　　　　　2006—2007 年学科转移数量及概率

		第一组	第二组	第三组	第四组	第五组
学科转移数量（个）	第一组	1	1	0	1	0
	第二组	0	0	3	1	0
	第三组	0	3	0	3	0
	第四组	1	0	3	4	9
	第五组	0	1	3	3	42
学科转移概率（%）	第一组	33.33	33.33	0.00	33.33	0.00
	第二组	0.00	0.00	75.00	25.00	0.00
	第三组	0.00	50.00	0.00	50.00	0.00
	第四组	5.88	0.00	17.65	23.53	52.94
	第五组	0.00	2.08	6.25	6.25	87.50

表 5 - 20　　　　　　　　　　2007—2008 年学科转移数量及概率

		第一组	第二组	第三组	第四组	第五组
学科转移数量（个）	第一组	1	1	0	0	0
	第二组	1	3	1	0	0
	第三组	1	0	3	4	1
	第四组	0	1	6	3	2
	第五组	0	0	3	9	39
学科转移概率（%）	第一组	50.00	50.00	0.00	0.00	0.00
	第二组	20.00	60.00	20.00	0.00	0.00
	第三组	11.11	0.00	33.33	44.44	11.11
	第四组	0.00	8.33	50.00	25.00	16.67
	第五组	0.00	0.00	6.00	18.00	78.00

表 5 - 21　　　　　　　　　　2008—2009 年学科转移数量及概率

		第一组	第二组	第三组	第四组	第五组
学科转移数量（个）	第一组	2	1	0	0	0
	第二组	0	3	0	2	0
	第三组	0	1	4	4	4
	第四组	0	0	2	4	10
	第五组	0	0	0	6	36
学科转移概率（%）	第一组	66.67	33.33	0.00	0.00	0.00
	第二组	0.00	60.00	0.00	40.00	0.00
	第三组	0.00	7.69	30.77	30.77	30.77
	第四组	0.00	0.00	13.33	26.67	66.67
	第五组	0.00	0.00	0.00	15.00	90.00

表 5 - 22　　　　　　　　2000—2009 年学科转移数量及概率

		第一组	第二组	第三组	第四组	第五组
学科转移数量（个）	第一组	0	2	0	3	7
	第二组	1	1	0	2	2
	第三组	0	0	1	5	9
	第四组	1	0	0	2	10
	第五组	0	2	5	4	22
学科转移概率（%）	第一组	0.00	22.22	0.00	33.33	77.78
	第二组	16.67	16.67	0.00	33.33	33.33
	第三组	0.00	0.00	6.67	33.33	60.00
	第四组	7.69	0.00	0.00	15.38	76.92
	第五组	0.00	6.06	15.15	12.12	66.67

（三）不同门类学科转移过程与特征

1. 自然科学类学科

表 5 -23 和表 5 -24 给出了自然科学类学科 BD 分布在各组的数量和均值。通过分析可以看出，该类学科主要分布在第五组，该组学科数量一直比较多且数量变化较稳定；其次是第四组，说明该类学科基础领域投资和研发领域投资较为均衡。在学科建设早期，学科数量较少，但是，随着时间推移，第五组学科数量基本上占全部学科数量的一半。相对而言，第一组学科数量较少，说明该类学科很少出现基础领域投资和研发领域投资极不均衡的状态。出现这种较为均衡的投资状态，也在一定程度上跟自然科学类学科性质有关。

表 5 -23　　　　　　　　各组学科数量　　　　　　　单位：个

年份	2000	2001	2002	2003	2004	2005	2006	2007	2008	2009
第一组	2	0	0	0	0	0	0	0	0	0
第二组	0	3	0	1	0	0	1	1	1	1
第三组	1	2	3	2	0	3	2	1	1	0
第四组	4	2	4	0	4	2	2	2	1	2
第五组	3	3	3	6	6	5	5	6	6	6

表 5 - 24　　　　　　　　　　各组学科 BD 均值　　　　　　　单位：个

年份	2000	2001	2002	2003	2004	2005	2006	2007	2008	2009
第一组	2.88	0.00	0.00	0.00	0.00	0.00	0.00	0.00	0.00	0.00
第二组	0.00	6.79	0.00	5.08	0.00	0.00	7.74	7.54	6.62	7.96
第三组	9.12	10.11	10.46	10.58	0.00	9.68	9.52	10.31	10.46	0.00
第四组	12.71	11.34	13.78	0.00	12.55	13.14	12.96	13.86	13.98	11.46
第五组	16.19	17.81	15.70	16.94	17.20	18.40	18.15	18.13	17.32	17.23

表 5 - 25 给出了 2000—2009 年经过 9 步转移，自然学科类学科发生转移的学科数量和转移概率。可以看出，除了第五组的两个学科，大部分学科状态都发生了转移，并且主要是向第四组和第五组转移，说明学科总体上都是向更高一级的学科状态转移，更为重视基础领域投资和研发领域投资的平衡。

表 5 - 25　　　　　　　2000—2009 年学科转移数量及概率

		第一组	第二组	第三组	第四组	第五组
学科转移数量（个）	第一组	0	0	0	1	1
	第二组	0	0	0	0	0
	第三组	0	0	0	0	1
	第四组	0	0	0	1	3
	第五组	0	1	0	0	2
学科转移概率（%）	第一组	0.00	0.00	0.00	50.00	50.00
	第二组	0.00	0.00	0.00	0.00	0.00
	第三组	0.00	0.00	0.00	0.00	100.00
	第四组	0.00	0.00	0.00	25.00	75.00
	第五组	0.00	33.33	0.00	0.00	66.67

2. 工程与技术科学类学科

表 5 - 26 和表 5 - 27 给出了工程与技术科学类学科 BD 分布在各组的数量和均值。通过分析可以看出，该类学科中，学科同样主

要分布在第五组，且数量非常多，每年的数量都超过了全部学科的一半，说明工程与技术科学类学科的投资领域策略的平衡尺度较高。除此之外，各年学科数量随着级别成正比，级别越高的组，其学科数量越多，说明该类学科也较为重视基础领域和研发领域的平衡。从均值上看，除第一组学科均值有所降低外，其他各组学科均值在 10 年间没有太大变化。

表 5 - 26　　　　　　　　　　　各组学科数量　　　　　　　　单位：个

年份	2000	2001	2002	2003	2004	2005	2006	2007	2008	2009
第一组	1	1	2	0	0	0	1	0	0	0
第二组	1	2	2	1	1	0	1	2	3	2
第三组	8	5	3	4	1	4	3	5	6	2
第四组	4	7	8	4	8	8	6	6	6	6
第五组	17	16	17	22	23	21	23	21	18	23

表 5 - 27　　　　　　　　　　　各组学科 BD 均值　　　　　　　　单位：个

年份	2000	2001	2002	2003	2004	2005	2006	2007	2008	2009
第一组	0.45	4.44	2.22	0.00	0.00	0.00	1.41	0.00	0.00	0.00
第二组	7.96	7.29	5.81	7.82	7.60	0.00	7.45	7.02	6.79	6.54
第三组	9.48	10.21	9.98	9.86	10.93	10.41	9.28	9.40	9.55	10.87
第四组	13.67	12.64	12.46	12.86	12.81	13.06	13.10	12.67	12.73	12.61
第五组	16.86	16.81	17.81	17.27	17.41	16.59	16.63	17.06	16.95	17.08

表 5 - 28 给出了 2000—2009 年经过 9 步转移过程，工程与技术科学类学科发生转移的学科数量和转移概率。可以看出，转移主要发生在第五组学科和其他组学科之间。部分学科从其他学科转向第五组，而第五组也有部分学科转向其他组。总体上看，由第五组向低级别转移的概率小于其他组向第五组转移的概率，这也说明经过 10 年的建设，大部分学科主要还是向高水平的均衡投资状态转移。

表 5 – 28　　　　　　　　2000—2009 年学科转移数量及概率

		第一组	第二组	第三组	第四组	第五组
学科转移数量（个）	第一组	0	1	0	0	0
	第二组	0	0	0	0	1
	第三组	0	0	0	2	6
	第四组	0	0	0	0	4
	第五组	0	1	2	5	12
学科转移概率（%）	第一组	0.00	100.00	0.00	0.00	0.00
	第二组	0.00	0.00	0.00	0.00	100.00
	第三组	0.00	0.00	0.00	25.00	75.00
	第四组	0.00	0.00	0.00	0.00	100.00
	第五组	0.00	5.88	11.76	29.41	70.59

3. 人文与社会科学类学科

表 5 – 29 和表 5 – 30 给出了人文与社会科学类学科 BD 分布在各组的数量和均值。通过分析可以看出，与自然科学类和工程与技术科学类学科相比，该类学科分布在第五组的学科数量明显偏少，究其原因，可能是前两类学科开展知识创新活动需要专业的科研仪器设备做支撑，而人文与社会科学类学科则对科研仪器设备的依赖性不如前者强。但是，该类学科也比较注重基础领域和研发领域投资的均衡性，第五组学科数量也相对较多。从各组均值及变化情况看，第一组和第二组学科均值低于其他两类学科，且变化较大，其他组学科均值变化则较为稳定，也在一定程度上反映出投资不均衡的学科试图在改变投资策略。

表 5 – 29　　　　　　　　　　各组学科数量　　　　　　　　单位：个

年份	2000	2001	2002	2003	2004	2005	2006	2007	2008	2009
第一组	0	4	4	3	4	2	2	2	3	2
第二组	5	4	4	2	1	1	1	2	1	2
第三组	5	5	1	3	4	2	1	2	4	2
第四组	3	2	2	4	4	5	5	4	4	5
第五组	4	2	6	5	4	7	8	7	5	6

表 5－30 各组学科 BD 均值　　　　单位：个

年份	2000	2001	2002	2003	2004	2005	2006	2007	2008	2009
第一组	0.00	3.47	3.33	3.73	0.14	2.13	1.01	2.51	2.77	3.80
第二组	6.55	5.80	6.43	6.64	7.96	5.60	5.60	7.07	5.35	7.96
第三组	8.87	9.49	10.46	9.10	9.42	9.76	10.46	9.75	9.71	10.16
第四组	12.41	11.55	12.70	12.70	13.00	12.64	12.75	12.06	13.42	12.71
第五组	16.25	15.56	17.11	16.79	16.97	16.75	17.41	16.94	16.64	17.01

　　表 5－31 给出了 2000—2009 年经过 9 步转移过程，人文与社会科学类学科发生转移的学科数量和转移概率。可以看出，学科向高级别均衡状态转移的学科比较多，转移概率比较大，而只有三个学科向低级别转移，说明该类学科总体上向投资较为均衡的方向转移。

表 5－31 2000—2009 年学科转移数量及概率

		第一组	第二组	第三组	第四组	第五组
学科转移数量（个）	第一组	0	0	0	0	0
	第二组	1	1	0	2	1
	第三组	0	0	1	3	1
	第四组	1	0	0	0	2
	第五组	0	1	1	0	2
学科转移概率（%）	第一组	0.00	0.00	0.00	0.00	0.00
	第二组	20.00	20.00	0.00	40.00	20.00
	第三组	0.00	0.00	20.00	60.00	20.00
	第四组	33.33	0.00	0.00	0.00	66.67
	第五组	0.00	25.00	25.00	0.00	50.00

4. 医药科学类学科

表 5 - 32 和表 5 - 33 给出了医药科学类学科 BD 分布在各组的数量和均值。通过分析可以看出，该类学科主要分布在第五组，第一组和第二组基本没有学科。说明该类学科非常重视基础领域投资和研发领域投资的平衡。从均值来看，各年均值除为 0 之外，基本上无太大变化，说明平衡策略运行得较为稳定。

表 5 - 32　　　　　　　　　　各组学科数量　　　　　　　单位：个

年份	2000	2001	2002	2003	2004	2005	2006	2007	2008	2009
第一组	0	0	0	0	0	0	0	0	0	0
第二组	0	0	1	0	0	0	0	0	0	0
第三组	1	1	0	2	0	0	0	0	1	0
第四组	1	3	0	1	1	0	2	0	1	2
第五组	9	7	10	8	9	11	8	10	8	9

表 5 - 33　　　　　　　　　各组学科 BD 均值　　　　　　单位：个

年份	2000	2001	2002	2003	2004	2005	2006	2007	2008	2009
第一组	0.00	0.00	0.00	0.00	0.00	0.00	0.00	0.00	0.00	0.00
第二组	0.00	0.00	5.46	0.00	0.00	0.00	0.00	0.00	0.00	0.00
第三组	10.79	9.15	0.00	10.18	0.00	0.00	0.00	0.00	10.95	0.00
第四组	11.85	12.55	0.00	13.53	13.28	0.00	13.98	0.00	13.31	13.47
第五组	16.55	17.64	17.24	17.59	17.72	17.62	18.38	17.37	17.14	17.46

表 5 - 34 给出了 2000—2009 年经过 9 步转移过程，医药科学类学科发生转移的学科数量和转移概率。可以看出，发生转移的学科也主要集中在第五组和第四组，并且由高水平向低水平和由低水平向高水平转换的方式基本类似。

表 5 - 34　　　　　　　2000—2009 年学科转移数量及概率

		第一组	第二组	第三组	第四组	第五组
学科转移数量（个）	第一组	0	0	0	0	0
	第二组	0	0	0	0	0
	第三组	0	0	0	0	1
	第四组	0	0	0	1	0
	第五组	0	0	0	1	8
学科转移概率（%）	第一组	0.00	0.00	0.00	0.00	0.00
	第二组	0.00	0.00	0.00	0.00	0.00
	第三组	0.00	0.00	0.00	0.00	100.00
	第四组	0.00	0.00	0.00	100.00	0.00
	第五组	0.00	0.00	0.00	11.11	88.89

另外，农业科学类学科数量太少，本书暂不做考虑。

（四）学科知识创新方式二元策略平衡尺度与知识创新绩效相关分析

学科知识创新方式二元策略组合平衡尺度即可代表学科的一种状态，同时也可代表学科平衡独立知识创新行为和合作知识创新行为的一种能力，因此，观察不同学科在不同时间段上的状态与学科知识创新绩效的关系，可以看出，是否学科的平衡尺度能够促进学科知识创新绩效。

图 5 - 5 给出了不同时期学科投资领域二元策略组合平衡尺度与知识绩效相关系数的变化趋势，通过观察可以看出，学科投资领域二元策略组合平衡尺度与知识绩效相关性随着时间的推移，相关性虽然有所波折，但总体上看，两者之间的相关性不断提高。另外，还可以观察出，工程技术类学科投资领域二元策略组合平衡尺度较高且与学科知识创新绩效的相关性也比较高，农业科学相关性最低，而医药科学类学科投资领域二元策略平衡尺度与绩效相关性有不断降低的趋势。

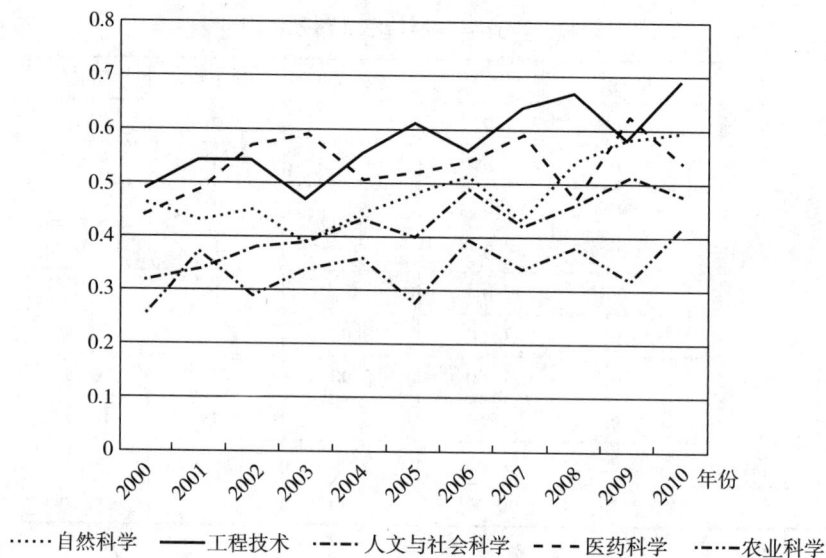

图 5-5 各类学科知识创新二元策略组合平衡尺度与
学科知识创新绩效相关性

第六章　研究结论与展望

第一节　研究结论

第一，本书将地方高校学科视为一个"亚组织"，学科建设中的人才培养、科学研究、社会服务和文化传承等活动就是这个"亚组织"进行知识生产、知识传播、知识转移和知识应用过程的知识创新行为，学科建设绩效就是这个"亚组织"的知识创新绩效。通过对比"亚组织"与正式组织在组织使命、组织结构、组织环境、组织创新策略、组织绩效等方面的差异，试图对地方高校学科组织特征和建设情景提出新的认识和刻画，并指导地方高校学科建设实践。

第二，本书提出学科知识创新方式的独立创新策略和合作创新策略，通过设计分析两种策略与地方高校学科知识创新绩效关系分析框架和变量并进行实证研究，寻求地方高校不同学科知识创新方式在独立创新和合作创新两种策略之间的平衡点。

第三，本书提出学科知识创新投资的基础领域投资策略和研发领域投资策略，通过设计分析两种策略与地方高校学科知识创新绩效关系分析框架和变量并进行实证研究，寻求地方高校不同学科在基础领域投资和研发领域投资之间的平衡点。

本书研究的具体内容及结论总结如下：

一　提出了学科"亚组织"概念并对其内涵和特征进行了界定

本书认为，我国高校学科是一个介于正式组织和非正式组织之间的"亚组织"，目前正处于向正式组织转变的阶段。首先，从学科构成视角分析了学科演化过程，提出了学科亚组织的概念，并对其内涵进行了界定；其次，依据组织理论从三个方面分析了学科亚组织与正式组织和非正式组织之间的区别；最后，从组织目标、组织要素和组织结构等方面归纳出学科"亚组织"的特征。

二　提出了学科知识创新方式二元策略组合与绩效权变关系分析框架并进行了关系检验

首先，提出学科知识创新方式的独立创新策略及合作创新策略与学科绩效关系的分析框架。

其次，提出研究理论观点、研究假设和研究方法。

最后，利用河北省省级重点学科建设数据和经验为样本数据，通过单因素方差分析、相关性分析、回归分析和马尔科夫过程分析等，进行了知识创新方式一元策略与绩效关系的静态检验、知识创新方式二元组合策略与绩效关系的静态检验以及知识创新方式二元组合策略与绩效关系的动态检验。本部分主要研究结论有以下四个方面：

（一）关于学科门类和学科所处区域因素的影响

单因素方差分析表明，学科门类因素对学科投入、学科合作创新行为和学科知识创新二元策略组合平衡尺度和组合尺度均有显著影响，对学科知识创新绩效无显著影响。这表明不同学科的投入差别较大，一般人文与社会科学类学科知识创新投入较少，而工程与技术科学类学科投入则相对较多；一般人文与社会科学类学科、自然科学类学科与外部合作创新活动相对较少，工程技术类学科、农业科学类学科与外部合作知识创新活动较频繁。不同门类学科知识创新方式二元策略组合平衡尺度与组合尺度有一定的差别，而不同门类的知识创新绩效则无显著差异。学科所处区域因素只对学科知识创新二元策略组合的组合尺度有显著影响，对其他因素无影响。

（二）关于学科知识创新方式一元策略与学科知识创新绩效的关系静态检验

相关性分析表明，独立知识创新策略的各个维度与学科知识创新绩效及知识创新绩效的各个维度具有正向相关关系，其中，学科独立发表学术论文、独立承担科研项目和完成专利授权和成果转让等科研获得与学科科学研究绩效高度相关。独立打造创新平台与学科教学与人才培养高度相关，说明创新平台是培养高水平创新人才的重要手段。学术队伍建设主要与学科独立发表学术论文、独立出版学术著作和独立承担科研项目高度相关，这也说明学科中这三种行为是提升学术建设队伍的关键要素。

合作知识创新策略的各个维度与学科知识创新绩效具有正向相关关系。其中，学科合作发表学术论文、合作承担科研项目和合作完成专利授权和成果转让等科研获得与学科科学研究绩效高度相关，这与独立知识创新行为高度一致。合作打造创新平台与学科教学与人才培养高度相关，说明学科与外单位合作打造创新平台是培养高水平创新人才的重要手段。学术队伍建设则主要与学科合作发表学术论文、合作承担科研项目和合作完成专利授权与成果转让高度相关。

回归分析结果表明，学科独立知识创新行为对学科知识创新绩效有显著的预测作用，其中，学科独立知识创新行为的独立发表学术论文、独立出版学术著作和独立承担科研项目三个维度对知识创新绩效具有显著的预测作用，而学科独立打造创新平台与独立完成专利授权和成果转让两个维度对学科知识创新绩效的回归分析系数不显著。

（三）关于学科知识创新方式二元策略组合与学科知识创新绩效的静态关系检验

相关性分析表明，学科知识创新绩效与关于学科知识创新方式二元策略组合平衡尺度和组合尺度都具有正向相关关系。其中，学科学术队伍建设、科学研究、教学与人才培养都与 BD1、BD2、

BD3 和 BD5 高度相关，而与 BD4 不相关；学科学术队伍建设、科学研究、教学与人才培养都与 CD1、CD2、CD3 和 CD5 高度相关，而与 CD4 不相关。也说明学科独立或合作打造知识创新平台对学科知识创新绩效无显著影响。主要原因可能是创新平台建设在各个学科的重视程度和投入力度相对比较小。回归分析结果表明，学科知识创新方式二元策略组合平衡尺度和组合尺度都对学科知识创新绩效有显著的预测作用，学科知识创新方式二元策略组合平衡尺度和组织尺度越高，学科知识创新绩效越高，学科知识创新方式二元策略组合的组合尺度越大，学科知识创新绩效越高。具体到平衡尺度和组合尺度的各个维度对知识创新绩效的回归分析，与相关分析结果相同，学科独立打造知识创新平台和合作打造知识创新平台对学科知识创新绩效无显著预测作用。

（四）关于学科知识创新方式二元策略组织平衡尺度与学科知识创新绩效的动态关系检验

从时间序列上看，学科知识创新二元策略组合平衡尺度与知识创新绩效相关性随着时间的推移，相关性虽然有所波折，但总体上看，两者之间的相关性不断提高。另外，还可以观察出，工程技术类学科知识创新方式二元策略组合平衡尺度较高且与学科知识创新绩效的相关性也比较高，农业科学类学科和医药科学类学科次之，医药科学类学科和人文与社会科学类学科知识创新平衡尺度与绩效相关性最低。

三 提出了学科知识创新投资领域二元策略组合与绩效权变关系分析框架并进行了关系检验

首先，提出学科知识创新投资领域的研发领域投资策略和基础领域投资策略与学科绩效关系分析框架。

其次，提出变量界定方法、研究假设和研究方法。

最后，利用河北省省级重点学科建设数据和经验为样本数据，通过单因素方差分析、相关分析、回归分析和马尔科夫过程分析等，进行了一元投资领域策略与绩效关系静态检验、二元投资领域组合策略与绩效关系静态检验以及二元投资领域组合策略与绩效关系动态检验。

本部分主要研究结论有以下四个方面：

（一）关于学科门类和学科所处区域因素的影响

单因素方差分析表明，不同门类的学科基础领域投资具有显著差异，不同地区的学科基础领域投资没有显著差异，不同门类和不同地区的学科研发领域投资并无显著差异。这也在一定程度上表明不同门类的学科对基础投资重视程度不同，有的学科更为重视基础条件设施建设，而有的学科则把有限的学科资源应用到具体的研发活动中去，对基础建设重视还不够。而不同地区的学科在基础领域投资和研发领域投资上并无显著的差别。

（二）关于学科投资领域一元策略与学科知识创新绩效关系静态检验

相关性分析结果表明，学科知识创新绩效的学术队伍建设与研发领域投资相关，与基础领域投资不相关，科学研究与基础领域投资和研发领域投资都相关，教学与人才培养与基础领域投资相关，而与研发领域投资不相关。回归分析结果表明，学科基础领域投资和研发领域投资都对学科知识创新绩效有显著的预测作用，学科基础领域投资越高，学科知识创新绩效越高，学科研发领域投资越大，学科知识创新绩效越高。

（三）关于学科投资领域二元策略组合与学科知识创新绩效关系静态检验

相关性分析结果表明，学科知识创新绩效的学术队伍建设与研发领域投资相关，与基础领域投资不相关，科学研究与基础领域投资和研发领域投资都相关，教学与人才培养与基础领域投资相关，而与研发领域投资不相关。回归分析结果表明，学科投资领域二元策略组合平衡尺度和组合尺度越高，学科知识创新绩效越高。结合学科知识创新投入与学科知识创新绩效的关系，可以看出，虽然学科知识投入越多并不能带来越高的学科知识创新绩效，但是，学科基础领域投资和研发领域投资的二元策略组合平衡尺度和组合尺度却对学科知识创新绩效产生正向影响。这也反映出基础领域投资和研发领域投资间的相互补充和有效协调能够对学科发展产生积极影响。

（四）关于学科投资领域二元策略组合与学科知识创新绩效关系动态检验

从时间序列上看，学科投资领域二元策略组合平衡尺度与知识绩效相关性随着时间的推移，相关性虽然有所波折，但总体上看，两者之间的相关性不断提高。另外，还可以观察出，工程技术类学科投资领域二元策略组合平衡尺度较高且与学科知识创新绩效的相关性也比较高，农业科学相关性最低，而医药科学类学科投资领域二元策略平衡尺度与绩效相关性有不断降低的趋势。

第二节　研究展望

国内外关于学科建设的研究成果数不胜数，学者从不同角度进行了有益的探讨，做出了令人满意的成果。本书提出了学科"亚组织"概念并对其内涵和特征进行了界定，在此基础上，提出了学科知识创新方式二元策略组合与绩效权变关系分析框架以及投资领域二元策略组合与绩效权变关系分析框架，并以河北省重点学科为研究对象和样本数据，对这两类关系进行经验性分析和检验。

然而，本书研究尚存在一些不足之处，主要有以下三个方面：

第一，对学科"亚组织"内涵和特征的描述还有待于进一步结合实际进行深入描述和验证。本书主要是根据本课题已有研究成果和个人主观经验，并结合他人的研究成果，对学科"亚组织"内涵和特征进行尝试性的探讨，观点是否正确、符合实际，还需要进一步深入学科考察和验证。

第二，由于时间及本书篇幅原因，从动态上对学科知识创新方式二元策略组合和学科投资领域二元策略组合的分析尚显不足，主要是就一个指标的平衡尺度进行了分析，对于二元策略组合的组合尺度尚未进行研究。另外，主要是就发表论文行为和投资领域的平衡尺度进行了分析，其他指标（如承担科研项目、出版学术著作等）的平衡尺度和组合尺度与学科知识创新绩效关系尚未进行分析和检验，这也是下一步需要进行研究的重要工作。

第三，本书分析了学科门类和学科所处区域两个变量作为控制变量对各个因素的影响，但是，这两个变量在一定程度上对各种关系具有调节作用，即不同学科门类、不同区域的学科知识创新行为二元策略组合与学科知识创新绩效之间的关系也存在着较大差异，例如，有可能工程技术类学科知识创新行为二元策略组合与学科知识创新绩效之间的关系为高度相关，而人文与社会科学类学科中这种相关关系就不是很明显，甚至在某类学科中知识创新行为二元策略组合与学科知识创新绩效有可能存在负相关关系，这些问题都是下一步需要开展研究的重点。

主要参考文献

一 专著

[1] 陈士俊、王梅、李军：《论我国高校学科结构的协调发展》，《科学管理研究》2004 年第 6 期。

[2] 陈燮君：《学科学导论》，上海三联书店 1991 年版。

[3] 顾东蕾：《论学科知识网络的理论基础》，《图书情报工作》2008 年第 9 期。

[4] 郭毅、於国强：《寻求企业持续竞争优势的源泉——组织场域观下的战略决策分析》，《管理学报》2005 年第 6 期。

[5] 高展军、李垣：《战略网络结构对企业技术创新的影响研究》，《科学学研究》2006 年第 3 期。

[6] 郝克明、汪永铨：《中国高等教育结构研究》，人民教育出版社 1987 年版。

[7] 贺远琼、田志龙：《组织学习与企业绩效的关系——基于适应能力视角的实证研究》，《研究与发展管理》2008 年第 1 期。

[8] 赖明正：《组织变革中利益冲突与组织学习相关之实证研究》，博士学位论文，复旦大学，2005 年。

[9] 陆文明、赵敏祥、蒋来：《高校跨学科科研团队建设研究》，《工作研究》2006 年第 2 期。

[10] 李志刚：《基于网络结构的产业集群创新机制和创新能力研究》，博士学位论文，中国科学技术大学，2007 年。

[11] 李江：《基于知识网络的企业网络化创新能力研究——以软件产业为例》，博士学位论文，天津大学，2008 年。

［12］刘经南：《关于新时期研究型大学科研模式的转型》,《中国高等教育》2008 年第 9 期。

［13］刘惠琴、张德：《团队层面的高校学科团队创新能力模型研究》,《科学学研究》2006 年第 3 期。

［14］刘仲林：《现代交叉科学》,浙江教育出版社 1998 年版。

［15］柳洲、陈士俊：《从学科聚集机制看跨学科科技创新团队建设》,《科技进步与对策》2007 年第 3 期。

［16］柳洲、陈士俊、张颖：《跨学科科研团队建设初探》,《科技管理研究》2006 年第 11 期。

［17］姜凤春、李泉鹰：《从程序性序列走向策略性规划——复杂性视野中的大学学科建设与发展规划》,《辽宁教育研究》2007年第 10 期。

［18］马大川、马越：《信息有序的理论框架》,《情报理论与实践》2006 年第 6 期。

［19］钱颖一：《大学学科布局思考》,《清华大学教育研究》2003年第 6 期。

［20］王永军：《高校组建跨院系跨学科研究机构的体制机制研究》,《科技管理》2005 年第 4 期。

［21］王黎明、沈君：《经济科学的学科结构与演进趋势》,《集团经济研究》2007 年第 12 期。

［22］王续琨：《创造学的学科结构和科学定位》.,《河南师范大学学报》（哲学社会科学版）2004 年第 6 期。

［23］王续琨：《交叉学科结构论》,大连理工大学出版社 2003年版。

［24］王端旭：《研发团队激励机制设计的情景分析》,《科研管理》2006 年第 6 期。

［25］王梅：《基于生态原理的学科协同进化研究》,博士学位论文,天津大学,2006 年。

［26］王晓东：《学科生长逻辑曲线与基础研究人力资源的配置战

略》，《科研管理》1997 年第 4 期。

［27］文雯、李乐夫、谢维和：《中国高等教育大众化初期学科结构变化的主要特点与实证分析》，《中国高教研究》2007 年第 3 期。

［28］吴文俊：《数学概况及其发展》，科学出版社 1978 年版。

［29］熊华军：《大学虚拟跨学科组织的原则、特征和优势》，《高等教育研究》2005 年第 8 期。

［30］肖宁灿：《学科社会学初探》，《西南师范大学学报》1997 年第 3 期。

［31］徐波：《调整学科布局，优化学科结构，搞好学科建设》，《山西师范大学学报》（哲学社会科学版）2004 年第 6 期。

［32］徐绍莉、田静：《大学加强学术团队建设的理性思考》，《清华大学教育研究》2006 年第 1 期。

［33］宣勇：《基于学科的大学管理模式选择》，《中国高教研究》2002 年第 4 期。

［34］宣勇、凌健：《"学科"考辨》，《高等教育研究》2006 年第 4 期。

［35］宣勇：《学科制：现代大学基层组织学术组织制度的创新》，《教育研究》2007 年第 2 期。

［36］宣勇：《论大学学科组织》，《科学学与科学技术管理》2002 年第 5 期。

［37］谢洪明：《战略网络结构对企业动态竞争行为的影响研究》，《科研管理》2005 年第 2 期。

［38］谢洪明、韩子天：《组织学习与绩效的关系：创新是中介变量吗？——珠三角地区企业的实证研究及其启示》，《科研管理》2005 年第 5 期。

［39］杨天平：《学科概念的沿演与指谓》，《大学教育科学》2004 年第 1 期。

［40］杨映珊、陈春花：《科研组织团队运作的应用研究》，《科学

学研究》2002 年第 2 期。

[41] 叶鹰、金玮：《高技术的科学基础和发展战略》，《科学学研究》1998 年第 4 期。

[42] 叶鹰、金玮：《科学学的基本规律探讨》，《科学学研究》2002 年第 2 期。

[43] 原欣伟、伊景冰、张元好：《情境因素下的学习动因、创新和绩效——一个实证研究》，《研究与发展管理》2008 年第 4 期。

[44] 喻红阳、李海婴、袁付礼：《合作关系中的组织间学习——一个动态的学习观》，《科技管理研究》2005 年第 8 期。

[45] 张宗恩：《领军人物与跨学科研究团队合作的研究》，《高等农业教育》2008 年第 6 期。

[46] 张炎炎、张锐：《高校利益相关者管理：一个研究框架》，《科技管理研究》2006 年第 3 期。

[47] 张毅：《企业网络与组织间学习的关系链模型》，《科研管理》2005 年第 2 期。

[48] 张乐育：《关于"任务带学科"的讨论》，《科学学研究》2007 年第 2 期。

[49] 赵蓉英：《论知识网络的结构》，《图书情报工作》2007 年第 9 期。

[50] 赵红州：《大科学观》，人民出版社 1988 年版。

[51] 赵正洲：《高校学术团队建设的理论思考》，《中国高等教育》2007 年第 5 期。

[52] 翟亚军：《大学学科建设模式研究》，博士学位论文，中国科学技术大学，2007 年。

[53] 周进：《大学学科发展的基本矛盾及特殊矛盾》，《科技导报》2002 年第 5 期。

[54] ［美］布鲁纳：《教育过程》，邵瑞珍等译，北京文化教育出版社 1982 年版。

［55］［英］比彻·特罗勒尔：《学术部落及其领地》，唐跃勤等译，北京大学出版社 2008 年版。

［56］华勒斯坦：《学科·知识·权力》，刘健芝译，上海三联书店 1999 年版。

［57］［日］欢喜隆司：《学科的历史与本质》，钟言译，《外国教育资料》1990 年第 4 期。

［58］［美］克拉克：《高等教育新论——多学科的研究》，王承绪等译，浙江教育出版社 1998 年版。

［59］普赖斯：《小科学，大科学》，宋剑耕译，北京世界科学出版社 1982 年版。

二 论文

［1］Andrew, S. and Oldnall, B. S. , "Nursing as an Emerging Academic Discipline", *Journal of Advanced Nursing*, No. 21, 1995, pp. 605 – 612.

［2］Ananta Kumar Giri, "The Calling of a Creative Trans – disci Plinarity", *Futures*, No. 34, 2002, pp. 103 – 115.

［3］Andrew, S. and Oldnall, B. S. , "Nursing as an Emerging Academic Discipline", *Journal of Advanced Nursing*, No. 21, 1995, pp. 605 – 612.

［4］A. Mina et al. , "Mapping Evolutionary Trajectories: Applications to the Growth and Transformation of Medical Knowledge", *Research Policy*, Vol. 36, 2007, pp. 789 – 806.

［5］Anne Kolehmainen et al. , "Occupational Therapy As an Academic Discipline in Finland", *Occupational Therapy International*, Vol. 7, No. 3, 2000, pp. 198 – 205.

［6］Ariela Lowenstein, "Gerontology of Age: The Transformation of Social Gerontology into a Distinct Academic Discipline", *Educational Gerontology*, No. 30, 2004, pp. 129 – 141.

［7］Atlan, Taylor, "Bring Together Industry and University Engineering

School sin Getting More out for R&D and Technology", *Theconference Board*, *Research Report*, 1987, p. 904.

[8] Baum, H. S., "Fantasies and Realities in University – Community Partnerships", *Journal of Planning Education and Research*, No. 20, 2000, pp. 234 – 246.

[9] Becher, Kogan, *Processes and Structure in Higher*, London: Heinemann Educational Books, 1990.

[10] Becher, T. , Academic Tribes and Territories Intellectual Enquiry and the Cultures of Disciplines: The Society for Research for Higher Education and Open University, Buckingham, 1999.

[11] Bergen, S. D. , Bolton, S. M. and Fridley, J. L. , Ecological Engineering: Design Based on Ecological Principles, Proceedings of the 1997 ASAE Annual International Meeting, USA, 1997.

[12] Bergen, S. D. and Bolton, Fridley J. L. , "Design Principles for Ecological Engineering", *Ecological Engineering*, No. 18, 2001, pp. 201 – 210.

[13] Benson, L. and Meyers, R. , "Higher Education's Third Revolution: The Emergence of the Democratic Cosmopolitan University", *Cityscape: A Journal of Policy Development and Research*, Vol. 5, No. 1, 2000, pp. 47 – 58.

[14] Behrens, T. R. and Gray, D. O. , "Unintended Consequences of Cooperative Research: Impact of Industry Sponsorship on Climate for Academic Freedom and Other Graduate Student Outcome", *Research Policy*, Vol. 30, No. 2, 2001, pp. 179 – 199.

[15] Biglan, A. , "Relationship between Subject Matter Characteristics and the Structure and Output of University Departments", *Journal of Applied Psychology*, No. 57, 1973, pp. 204 – 213.

[16] Carrie R. Leana, Frits K. Pil, "Social Capital and Organizational Innovation Ability: Evidence from Urban Public Schools", *Organ-

ization Science, No. 17, 2006, pp. 353 – 366.

[17] Carla Thomas McClure, "Linking the Disciplines and Achievement District", *Administration*, No. 10, 2007, pp. 70 – 71.

[18] Curt Meine et al., "'A Mission – Driven Discipline': The Growth of Conservation Biology", *Conservation Biology*, No. 20, 2006, pp. 631 – 651.

[19] Croissant, J. and Restivo, S. P., *Degrees of Compromise: Industrial Interests and Academic Values*, Albany: State University of New York Press, 2001.

[20] David, K. et al., "The Emergence of Ecological Engineering As a Discipline", *Ecological* Engineering, No. 20, 2003, pp. 409 – 420.

[21] David, P. A., "Can 'Open Science' Be Protected from the Evolving Regime of IPR Protections?", *Journal of Institutional and Theoretical Economics*, Vol. 160, No. 1, 2004, pp. 9 – 34.

[22] David, M., *Positive Feedbacks and Research Productivity in Science: Reopening Another Black Box*, O. Granstrand (ed.), Economics of Technology, Amsterdam, London, New York, Tokyo: North – Holland, 2001, pp. 65 – 85.

[23] Daniel Stokols, "The Ecology of Team Science: Understanding Contextual Influences on Trans – Disciplinary Collaboration", *American Journal of Preventive Medicine*, 2008, Vol. 35, No. 2S, pp. S96 – S115.

[24] Daniel et al., "The Ecology of Team Science: Understanding Contextual Influences on Trans Disciplinary Collaboration", *American Journal of Preventive Medicine*, Vol. 35, No. 2S, 2008, pp. S96 – S115.

[25] Derek Watling, "University Business Schools 2 Business: the Changing Dynamics of the Corporate Education Market", *Strategic*

Change, No. 12, 2003.

[26] Don Ambrose, Large – Scale Contextual Influences on Creativity, "Evolving Academic Disciplines and Global Value Systems", *Creativity Research Journal*, No. 18, 2006, pp. 75 – 85.

[27] Dyer, J. H. and Singh, H. , "Cooperative Strategy and Sources of Inter – organizational Competitive Advantage", *Academy of Management Review*, No. 23, 1998, pp. 660 – 679.

[28] Evans, C. R. and Dion, K. L. , "Group Cohesion and Innovation Ability: A Meta – analysis", *Small Group Research*, No. 22, 1991, pp. 175 – 186.

[29] Ertas, M. M. , Tanik, T. T. and Max Well, "Trans – disciplinary Engineering Education and Research Model", *Journal of Integrated Design and Process Science*, No. 4, 2000, pp. 1 – 11.

[30] Feller, I. and Roessner, D. , "What Does Industry Expect from University Partnerships", *Issues in Science and Technology*, Vol. 12, No. 1, 1995, pp. 80 – 84.

[31] French, L. R. and Bell, A. V. , "The Nature of Group Goals in Sports Teams: A Phenomeno Logical Analysis", *Sport Psychology*, No. 6, 1992, pp. 323 – 333.

[32] Fritschm, M. and Slavtchev, "Universities and Innovation in Space, Industry and Innovation", No. 14, 2007, pp. 201 – 218.

[33] Horlick – Jones, T. and Sime, J. , "Living on the Border: Knowledge, Risk and Transdisciplinarity", *Futures*, Vol. 36, No. 4, 2004, pp. 441 – 456.

[34] Ingram, P. and Roberts, P. , "Friendships among Competitors in the Sydney Hotel Industry", *American Journal of Sociology*, Vol. 106, 2000, pp. 387 – 423.

[35] Israel, B. A. , Schulz, A. J. , Parker, E. A. and Becker, A. B. , "Review of Community – Based Research: Assessing Partner-

ship Approaches to Improve Public Health", *Annual Rev. Public Health*, No. 19, 1998, pp. 173 – 202.

[36] Jackson, G. and Meyers, R., "Challenges of Institutional Outreach: A COPC Example", *Cityscape: A Journal of Policy Development and Research*, Vol. 5, No. 1, 2000, pp. 125 – 140.

[37] Jesus Rey – Rocha et al., "Researeh Productivity of Seientists in Consolidated vs No neon Solidated Temas: The Case of Spanish University Geologists", *Scientometrics*, No. 1, 2002, pp. 137 – 156.

[38] James D. Adams et al., "Scientific Teams and Institutional Collaborations: Evidence from U. S. Universities, 1981 – 1999", *Research Policy*, No. 3, 2005, pp. 259 – 285.

[39] James, M. and Lucas, W., 2005, Bridging a Cultural Divide: Strengthening Similarities and Managing Differences in University – Industry Relationships. Unpublished Doctoral Dissertation, Science and Technology University of Toronto.

[40] James P. Collins, "May You Live in Interesting Times: Using Multidisciplinary and Interdisciplinary Programs to Cope with Change in the Life Sciences?", *Bioscience*, No. 1, 2002, pp. 34 – 40.

[41] Jacobs, D. and Singell, L., "Leadership and Organizational Innovation Ability: Isolating Links between Managers and Collective Success", *Social, Science Research*, No. 22, 1993, pp. 165 – 189.

[42] Jan W. Rivkin and Nicolaj Siggelkow, "Patterned Interactions in Complex Systems: Implications for Exploration", *Management Science*, No. 7, 2007, pp. 1068 – 1085.

[43] John Loan – Clarke and Diane Preston, "Tensions and Benefits in Collaborative Research Involving a University and Another Organization", *Studies in Higher Education*, No. 27, 2002, pp. 169 – 185.

[44] Joseph F. Porac et al. , "Human Capital Heterogeneity, Collaborative Relationships, and Publication Patterns in a Multidisciplinary Scientific Alliance: A Comparative Case Study of Two Scientific Teams", *Research Policy*, 2004, (33): pp. 661 – 678.

[45] John Hagedoorn, "Understanding the Cross – Level Embeddedness of Inter – Firm Partnership Formation", *Academy of Management Review*, No. 31, 2006, pp. 670 – 680.

[46] John, Lam A. , "Embedded Firms, Embedded Knowledge, Problems of Collaboration and Knowledge Transfer in Global Cooperative Ventures", *Organization Studies*, No. 18, 1997, pp. 973 – 996.

[47] J. Thompson Klein, W. Grossenbacher – Mansuy, R. Haberli, A. Bill, R. W. Scholz and M. Welti, Trans – Disciplinarity: Joint Problem Solving among Science, Technology and Society, Birkhä User, Basel, 2001.

[48] Kenzo Fujisue, "Promotion of Academia – Industry Cooperation in Japan – Establishing the 'Law of Promoting Technology Transfer from University to Industry' in Japan", *Technovation*, No. 18, 1998, pp. 371 – 381.

[49] King, A. R. and Brownell, J. , The Cumculum and the Disciplines of Knowledge John Wiley, New York, 1996.

[50] Kogut, B. , "Joint Ventures: Theoretical and Empirical Perspectives", *Strategic Management Journal*, No. 4, 1988, pp. 319 – 332.

[51] Klein, J. T. , Finding Interdisciplinary Knowledge and Information, In: Klein, J. and Doty, W. G. (eds.), Interdisciplinary Studies Today, Jossey – Boss, San Francisco, CA, 1994, pp. 7 – 33.

[52] Kline, S. J. , *Conceptual Foundations for Multidisciplinary Thinking*, Stanford University Press, 1996.

[53] Lane, P. J. and Lubatkin, M. , "Relative Absorptive Capacity

and Interorganizational Learning", *Strategic Management Journal*, No. 19, 1998, pp. 461 – 477.

[54] Lattuca, L. R., Creating Inter – Disciplinarity: Interdisciplinary Research and Teaching Among College and University Faculty Vanderbilt University Press, 2001.

[55] Lee, H. N. Win, "Technology Transfer between University Research Centers and Industry in Singapore", *Technovation*, No. 24, 2004, pp. 433 – 442.

[56] Leydesdorff, L. and Etzkowitz, H., "The Future Location of Research: A Triple Helix of University – Industry – Government", *Easst Review*, No. 15, 1996, pp. 20 – 25.

[57] Linda S. Smith, "Is Nursing an Academic Discipline?", *Nursing Forum Volume*, No. 35, 2000, pp. 25 – 30.

[58] Sommerville, M. A. and Rapport, D. J., *Trans – Disciplinary: Re – Creating Integrated Knowledge*, EOLSS Publishers, Oxford, 2000.

[59] Manfred, A., "Foundations of Trans – Disciplinarity", *Ecological Economics*, Vol. 53, 2005, pp. 5 – 16.

[60] Magjuka, R. J., "A Resource – Based View on the Interactions of University Researchers", *Research Policy*, 2008, pp. 1 – 12.

[61] Martin, B. R. and Salter, A., 1996, The Relationship between Publicly Funded Basic Research and Economic Performance: A Sprureview, Report for HM Treasury: SPRU, University of Sussex.

[62] Milliken, F. J. and Martins, L., "Searching for Common Threads: Understanding The Multiple Effects of Diversity in Organizational Groups", *Academy of Management Review*, No. 21, 1996, pp. 402 – 431.

[63] Morten, T., "Knowledge Networks: Explaining Effective Knowl-

edge Sharing in Multiunit Companies", *Organization Science*, No. 3, 2005, pp. 232 – 248.

[64] Monetmayor, E. F. , "Congruence between Pay Policy and Competitive Strategy in High – Innovation Ability Firms", *Journal of Management*, No. 22, 1996, pp. 889 – 908.

[65] M. K. Ahuja and K. M. Carley, "Network Structure in Virtual Organizations", *Organization Science*, No. 21, 1999, pp. 343 – 360.

[66] Nicolas Carayol, "Academic Incentives and Research Organization for Patenting at a Large French University", *Research Policy*, No. 5, 2004, pp. 1006 – 1036.

[67] Nobelius, D. , "Towards the Sixth Generation of R&D Management, International", *Journal of Project Management*, No. 5, 2005, pp. 369 – 375.

[68] Nicolas Carayol and Mireille Matt, "Does Research Organization Influence Academic Production? Laboratory Level Evidence from a Large European University", *Research Policy*, No. 33, 2004, pp. 1081 – 1102.

[69] Oliver, C. , "Determinants of Inter – Organizational Relationships: Integration and Future Directions", *Academy of Management Review*, No. 2, 1990, pp. 241 – 265.

[70] Olson, G. M. and Olson J. S. , "Distance Matters", *Human – Computer Interaction*, Vol. 15, No. 2/3, 2000, pp. 139 – 178.

[71] Osborn, R. N. et al. , "Embedded Patterns of International Alliance Formation: An Institutional Perspective", *Organization Studies*, No. 19, 1999, pp. 617 – 638.

[72] Ostrander, S. A. , "Democracy, Civic Participation, and the University: A Comparative Study of Civic Engagement on Five Campuses", *Nonprofit and Voluntary Sector Quarterly*, Vol. 33, No. 1, 2004, pp. 74 – 93.

[73] Park, S. H. and Ungson, G. R. , "The Effect of National Culture, Organizational Complementarity and Economic Motivation on Joint Venture Dissolution", *Academy of Management Journal*, No. 40, 2007, pp. 279 – 307.

[74] Peter, Lois S. and Herbert I. Fusfeld, "University – Industry Research Relationship, National Science Foundation, Trends in University – Industry Research Partnerships", *STI Review*, No. 23, pp. 39 – 65.

[75] Peters, L. and Etzkowitz, H. , "University – industry connections and Academic Values", *Technology in Society*, No. 12, 1990, pp. 427 – 440.

[76] Ponomariov, B. L. , Student Centrality in University – Industry Interactions. Unpublished Doctorial Dissertation, Georgia Institute of Technology, 1992.

[77] Pince, D. J. , Citation Measures of Hard Science, Soft Science, Technology and Non – Sciences in Communication Among Scientists and Engineers, Heath, Lexington, Massachusetts, 1990, pp. 3 – 22.

[78] Peter, W. , "The Discipline of Psychology from a University Senior Management Perspective", *Current Psychology*: *Developmental*, *Learning*, *Personality*, *Social*, No. 24, 2005, pp. 215 – 217.

[79] Ray Reagans and Ezra W. Zuckerman, "Networks, Diversity, and Productivity: The Social Capital of Corporate R&D Teams", *Organization Science*, No. 4, 2004, pp. 502 – 517.

[80] Reagans B. McEvily, "Network Structure and Knowledge Transfer: The Effects of Cohesion and Range", *Administrative Science Quarterly*, Vol. 48, 2003, pp. 240 – 267.

[81] Reagans, R. , Zuckerman, E. , "Networks, Diversity and Innovation Ability: The Social Capital of R&D Units", *Organization Science*, No. 12, 2001, pp. 502 – 517.

[82] Rivkin, J. W. and Siggelkow, N., "Balancing Search and Stability: Interdependencies among Elements of Organizational Design", *Management Science*, Vol. 49, 2003, pp. 290 – 311.

[83] Rosenfield, P. L., "The Potential of Transdisciplinary Research for Sustaining and Extending Linkages between the Health and Social Sciences", *Soc Sci Med*, Vol. 35, No. 11, 1992, pp. 1343 – 1357.

[84] Rothaermel, F. T., "Incumbent's Advantage through Exploiting Complementary Assets via interfirm Cooperation", *Strategic Management Journal*, No. 22, 2001, pp. 687 – 699.

[85] Roberto Fontana, Aldo Geuna, Mireille Matt, "Factors Affecting University – Industry R&D Projects: The Importance of Searching, Screening and Signaling", *Research Policy*, No. 35, 2006, pp. 309 – 323.

[86] Rudolf Kotte et al., "Inter – Disciplinarity and Trans – Disciplinarity: A Constant Challenge to The Sciences", *Journal of Integrated Design and Process Science*, No. 4, 2000, pp. 1 – 11.

[87] R. J. Lawrence, C. Despre, "Futures of Trans – Disciplinarity", *Futures*, Vol. 36, No. 4, 2004, pp. 397 – 405.

[88] Sakakibara, M. and Dodgson, M., "Strategic Research Partnerships: Empirical Evidence from Asia", *Technology Analysis & Strategic Management*, No. 15, 2003, pp. 223 – 241.

[89] Shinn, T., "Scientific Disciplines and Organizational Specificity In Scientific Establishments and Hierarchies", *Reidel Dordrecht*, No. 21, pp. 239 – 264.

[90] Slaughter, S., Campbell, T., Holleman, M. and Morgan, "The Traffic in Graduate Students: Graduate Students as Tokens of Exchange between Academe and Industry", *Science Technology & Human Values*, Vol. 27, No. 2, 2002, pp. 282 – 312.

[91] Smart, Jo C. and Elton, C. F., "Goal Orientations of Academic

Departments: A Test of Biglan's Model", *Journal of Applied Psychology*, *Vol. 60*, *1975*, *pp. 580 – 588.*

[92] Sorensen, J. , Challenges of Unequal Power Distribution in University – Community Partnerships, Unpublished Doctorial Dissertation, University of Aalborg, 1997.

[93] Soska, T. M. and Johnson – Butterfield, A. K. , 2004, University – community Partnerships Universities in Civic Engagement. Binghamton, NY: The Haworth Social Work Practice Press.

[94] Stokols, D. and Kara L. Hall et al. , "The Science of Team Science: Overview of the Field and Introduction to the Supplement", *American Journal of Preventive Medicine*, Vol. 35, No. 2S, 2008, pp. 77 – 89.

[95] Stokols, D. , "Toward a Science of Transdisciplinary Action Research", *Am J Community Psychol*, Vol. 38, 2006, pp. 63 – 77.

[96] Tony Becher and Paul R. Trowler, *Academic Tribes and Territories*, *The Society for Research into Higher Education*, Open University Press, 2001.

[97] T. Heikkinen and Jaana Tahtinen, "Managed Formation Process of R&D Networks", *International Journal of Innovation Management*, No. 3, 2006, pp. 271 – 298.

[98] Tsai, W. , "Knowledge Transfer in Intraorganizational Networks: Effects of Network Position and Absorptive Capacity on Business Unit Innovation and Innovation Ability", *Academy of Management Journal*, No. 44, 2001, pp. 996 – 1004.

[99] "University – Industry Government Relations", Theme Paper for a Conference in NewYork City, January 1998, from http: //www. easst. net/review/dec1996/leydesdorff.

[100] Uwe Matzat, "Academic Communication and Internet Discussion Groups: Transfer of Information or Creation of Social Contacts?",

Social Networks, No. 26, 2004, pp. 221 – 255.

[101] Warren E. Watson, Anat BarNir and Robert Pavur, "Cultural Diversity and Learning Teams: The Impact on Desired Academic Team Processes", *International Journal of Intercultural Relations*, Vol. 29, 2005, pp. 449 – 467.

[102] Whitley, R., *The Intellectual and Social Organization of the Sciences*, Clarendon Press, London: Oxford, 1984.

[103] Winifred, B. et al., "Conservation Biology from the Perspective of Natural Resource Management Disciplines", *Conservation Biology Volume*, No. 20, 2005, pp. 670 – 673.

[104] Young, M. F. D., *Knowledge and Control: New Directions for the Sociology of Education*, London: Collier – Macmillan, 1971.

致　谢

　　博士学位论文的写作终于要结束了，回首所经历的漫长的写作过程以及四年来的博士求学生涯，心潮澎湃，感慨良多，千言万语，一时难以尽说，在此仅表达发自内心深处的真挚谢意。

　　最应该感谢的自然是我的导师胡宝民教授。四年前，胡老师将我招致门下攻读管理学博士学位，圆了我渴盼已久的攻读博士的梦想，让我拥有了一个万分珍贵的学业深造机会。四年中，胡老师以他的完美人格、渊博学识给我树立了一个至高的标尺和学习楷模，这会让我受益终生。在本书的酝酿、选题、开题和撰写过程中，胡老师一直给予我最热心和最及时的关注、提醒和建议。在写作的后期阶段，当我由于种种原因陷入写作困境而进展情况不佳时，胡老师对我的那份宽容和鼓励让我备受感动，同时也获得了无穷的力量和信心，最终使论文如期完成。对此，心中的感激之情已无法用任何语言来表述，尽管如此，我还是要对胡老师说声谢谢，谢谢您为我所做的一切。

　　特别感谢我的师兄于建朝、李子彪在本书撰写期间对我的无私帮助和支持。

　　特别感谢教育厅各位领导在数据采样期间对我的关怀和帮助。

　　最后，我还要感谢我的家人。在我读博期间，我的母亲和爱人，为我营造了一个良好的读书环境，并在本书写作过程中给予了我最大的鼓励和支持，心中感激之情难以言表。

刘渊

2019 年 4 月

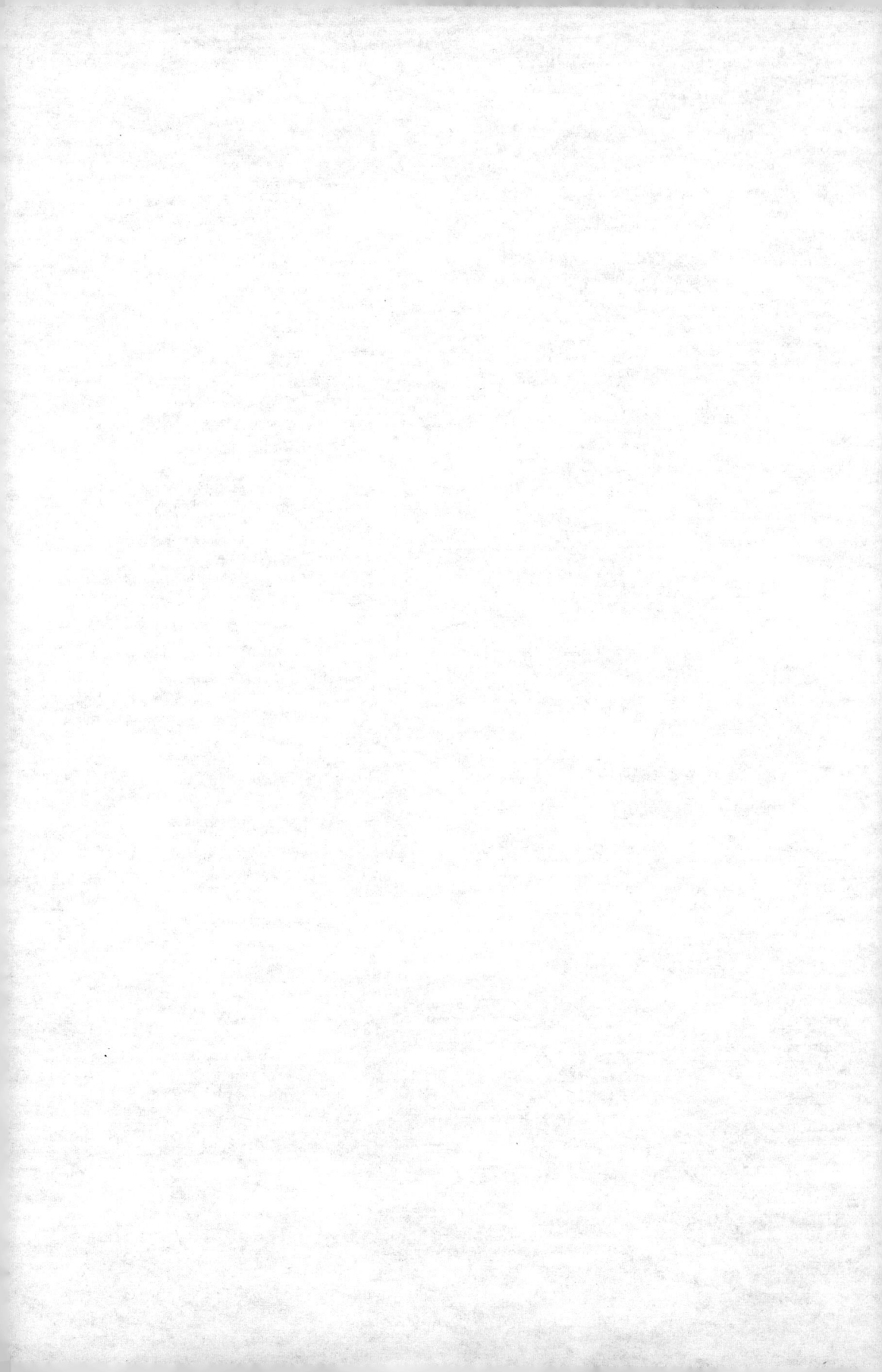